我的40年

企业家的时代告白

亚布力中国企业家论坛◎编著

知识产权出版社

全国百佳图书出版单位

图书在版编目（CIP）数据

我的 40 年：企业家的时代告白/亚布力中国企业家论坛编著.
—北京：知识产权出版社，2019.1
　ISBN 978 - 7 - 5130 - 6044 - 8

　Ⅰ.①我… Ⅱ.①亚… Ⅲ.①企业管理—经验—中国 Ⅳ.①F279.23

中国版本图书馆 CIP 数据核字（2018）第 298921 号

内容提要

40 年前，柳传志还是中科院的一名助理研究员，几年后开办了一家计算机新技术公司；30 年前，陈东升在杂志社模仿《财富》"世界 500 强"，推出"中国 500 大评价"，随后创办了嘉德拍卖、宅急送及泰康人寿；26 年前，俞敏洪为出国业余教书，办了一所培训学校……如今联想、泰康、新东方等均已成为业界翘楚，引领着行业不断前行。

近 40 年来，创业者和企业家们在中国这个大舞台上尽情释放，改变了自己，也改变了中国，甚至改变了世界。身处其中，他们有何不为人知的过往和心路历程？有何思考和收获？他们又向时代发出了怎样的告白和期望？

责任编辑：陈晶晶　　　　　　　　责任校对：谷　洋
装帧设计：邵建文　　　　　　　　责任印制：刘译文

我的 40 年

——企业家的时代告白
亚布力中国企业家论坛　编著

出版发行：**知识产权出版社**有限责任公司　　网　　址：http://www.ipph.cn
社　　址：北京市海淀区气象路 50 号院　　　　邮　　编：100081
责编电话：010 - 82000860 转 8391　　　　　　责编邮箱：shiny-chjj@163.com
发行电话：010 - 82000860 转 8101/8102　　　 发行传真：010 - 82000893/82005070/82000270
印　　刷：北京嘉恒彩色印刷有限责任公司　　经　　销：各大网上书店、新华书店及相关专业书店
开　　本：720mm×1000mm　1/16　　　　　　印　　张：11
版　　次：2019 年 1 月第 1 版　　　　　　　　印　　次：2019 年 1 月第 1 次印刷
字　　数：125 千字　　　　　　　　　　　　　定　　价：49.00 元
ISBN 978 - 7 - 5130 - 6044 - 8

这是一个前无古人的时代

文|柳传志　联想控股股份有限公司董事长

　　我出生于1944年，那是一个中国贫弱、任人欺凌的时代，我经历过。后来到了中国穷——穷得令人心酸的时代，在座的很多人都经历过。我们经历过那样的时代，所以我们确实有这种体会——挨过饿的人与没挨过饿的人吃红烧肉的感受不一样，但让我们感到自豪的是这碗红烧肉是经我们自身努力做出来的，我们为这个前无古人的时代做出了奉献。我们应该感到骄傲。

　　是什么引起了中国的巨大变化？正是改革开放。改革开放的核心有两点：第一，把中国从"阶级斗争"的绳索中解脱出来，踏上了"以经济建设为中心"的康庄大道；第二，是以改革开放的态度走中国特色社会主义市场经济道路。这两句话听着平常，但实际上有很深的含义。

　　有一次在一个论坛上，一位年轻的创业者讲述自己创业的艰辛和取得的成果。他非常自豪地说，现在的成功是自己凭着汗水拼出来的，没必要感谢他人。我听了之后想，可能他真的不了解中国历史，不知道改革开放的由来。他大概没听过小岗村的故事，不知道高压下的农民是如何签下血书的；更不知道后来产生的关于"两个凡是"的讨论、"实践是检验真理的唯一标准"的讨论，再后来经历的关于"傻子瓜子"的讨论、深圳特区的讨论、"中关村是不是骗子一条街"的讨论、"温州模式"的讨论……乃至邓小平南方谈话，这其中经历了很多大风大浪，有些甚至是"生死之争"。

我们应该懂得历史，懂得感恩。中国的改革开放是以邓小平为代表的中国共产党人为中华民族子孙万代谋幸福所做出的创举，只有大无畏的气魄，才敢于做出这样令人尊敬的创举，我们应该向邓小平同志和老一辈的同志致敬。

改革开放的突出标志就是企业家精神。

1984年，我还是中国科学院计算技术研究所的一名研究人员，当时所里生产的一台机器获得了"国家科技进步一等奖"，那台机器需300多平方米的房子才能容下，但其性能却比不上当时的PC（Personal Computer，个人计算机）。当我亲眼见到一台那么小的个人计算机足以顶上我们这么大的机器时，真是目瞪口呆。后来我们克服千难万险，终于做出了联想这一自主品牌。

1992年前后，国家为了推动各行各业的信息化进程，赶上时代步伐，降低电脑关税，从200%降至26%，同时取消了进口批文，于是很多电脑品牌如IBM、康柏等一齐涌入中国。中国电脑行业面临着巨大的竞争压力，国家全力支持的国有企业——长城电脑只撑了一年就被打垮了，长城0520CH 从此烟消云散，企业也成了别人的工厂。

当时的联想之于IBM，就犹如一支小舢板之于一艘航空母舰，这不是文学比喻，而真正的物理量级就是如此。我们研究了我们的"短板"及改进方法，与时任事业部总经理——29岁的杨元庆到电子工业部，向部长表态，要与外国企业一决高低。

之后的情形真的发生了变化，联想电脑在中国市场上的份额越来越高，2000年达27%，居第一位，比当时居第二、三、四位的外国品牌加起来还高。但到了2001年开始下降，从27%降到26%，2002年又降至25%。其中一个重要的原因是：戴尔见识中国市场之庞大后，将全部兵马押上。

由于业务模式的创新，戴尔从美国到欧洲，所向披靡，无人能敌。2002年，我们曾经阻击过戴尔，我还在联想内部会议上口出狂言说："要让戴尔知道谁是联想！"结果，2002年年底，我们被打得头破血流，终于知道了谁叫戴尔。

2003年这一年对联想极为重要，因为关系到我们能否并购IBM个人电脑业务，我们又反复认真地研究"戴尔模式"，进行各种比对，创造出一种更新的模式，年底，我们打了一场漂亮的翻身仗。从此，戴尔在中国再也没能翻身。

后来，我们以"蛇吞象"的方式并购了IBM个人电脑业务，克服重重困难，最后登上了世界PC冠军的宝座。

我所说的绝不仅仅指联想，联想只是其中一个缩影。1995年以前，国内的电视机、冰箱、洗衣机全是日本品牌，中国品牌完全无法与它们抗衡。1995 年以后，中国品牌的彩色电视、洗衣机等占满了整个中国市场。2000年前后，张瑞敏在海尔提出，要把家电卖到国外去。当时他在美国卖出了冰箱还感到十分自豪，而到今天，不只美国，全世界使用的黑色、白色家电都以中国产为主。

大约2000年，一次在央视《对话》栏目中，主宾是李书福，底下坐着我们四位嘉宾。节目中，李书福说他要做汽车。我们听了都不敢相信，觉得太可笑了，还给他起了一个外号——"汽车疯子"。而今天这个"汽车疯子"并购了沃尔沃，还成了奔驰的大股东。

以前提到中国，就是"中国制造"，不能创造。而现在中国的发明专利数已经超过美国，比肩日本，尤其在移动互联网技术、业务模式的创新方面。没有在国外长期待过一段时间的人可能无法体会到这一点。前不久，我在美国的医疗城检查身体，为了联系方便，想让我的工作人员与美国医生建个微信群，可美国人不明白这个，因为他们没有微信，只有Twitter，我当时切实感受到了微信的便利。而且在国外待的时间长了就会发现国外的网速不够快，想看中国的电视剧都看不了，不带零钱无法买东西……可以说，中国生活方方面面的便利都体现了我们企业家的创新精神。

我认为，中国企业家的精神包含不断追求和有使命感、不怕挫折、勤奋、学习能力强等内涵。

中国企业家不仅有不断追求的精神，还有打不烂、拖不垮、坚韧不拔的意志，且聪明、肯吃亏、肯耐劳、学习能力强。

那么中国企业家的使命是什么？

第一，为全中国人民谋幸福，这是党的十九大提出的中国共产党的初心，也是企业家的使命。邓小平同志曾说："中国允许一些人先富起来，先富帮后富。"今天企业家先富起来了，而当前中国确实还有相当多的人生活水平较低。党的十九大也说得非常明确，不会杀富济贫，要保证私有财产的安全。我们也希望能做得更好，投入扶贫、脱贫工作，让国家更富裕，但这前提是合法经营、将企业做好。

第二，为中华民族谋复兴。在当前环境下谋发展，我们仍然会感到不安全，因为这个世界的不确定性实在太多，国家只富不行，还必须要强。国家强盛与否，科技力量是底蕴。科技力量怎样才能强？不久前，我看了中国科学院的科技成果展览，发现墨子、天眼等很多科技成果都出自中国科学院，当然还有很多出自大学、军队研究单位。研究需要经费。1984年我在中国科学院工作时，科学院的科研经费只有8亿元，并且是100多个研究所来分，而今天已有几百亿元的科研经费。因此，强是在富的基础上。富从何来？挣钱，是企业家的天职，这是其一。其二，作为企业家，我们应该积极投入科技创新、业务模式创新的战役中。有了大数据，未来人工智能、新材料、新能源、生命健康等应用型科学会使社会发生根本性的变化，但基础科学的研究可能会使整个社会改变轨道。在基础科学研究方面，中国企业家承担起为人类、为中国安全、为子孙万代谋幸福这一光荣使命的时候确实到来了。

目录 CONTENTS

序言 | 这是一个前无古人的时代 柳传志 / Ⅰ

时代的舞台 | 致敬中国企业家精神 陈东升 / 003

改革开放40年：我都去哪儿啦 冯仑 / 008

企业家，弄潮儿 黄怒波 / 016

成就自己 成就时代 俞敏洪 / 022

心向远方 刘积仁 / 026

循道追光 感恩时代 胡葆森 / 032

这40年，值了 陈琦伟 / 036

致敬时代 宋向前 / 040

成长素描像 | 改革初年求学之路 田源 / 049

"折腾"的40年 武克钢 / 057

创业让人生更精彩 汪潮涌 / 062

我们都是自己的宝石 阎志 / 068

"下海"30年 钟玉 / 076

环保公益，我的精神归宿　**艾路明** / 081

做一个有生机的生意人　**王均豪** / 085

不断完成价值链的重构　**俞渝** / 090

不负时代　**张文中** / 095

以德为本　砥砺而行　**钱金耐** / 103

回望来路看变迁

不忘初心，执着前行　**杨元庆** / 113

改革不惑之年看来路　**陈黎明** / 122

光影做伴，与时代同行　**王中军** / 131

我与时尚走过这些年　**刘江** / 136

我的创业回忆录　**张红梅** / 140

拥抱新时代　创业再出发　**姜明** / 146

与数字化中国一起腾"云"驾"物"　**李强** / 155

后　记　聆听心灵的声音 / 163

时代 / 的舞台

中国这七〇年，让我们看到了解放人而释放出的能量。你一定会相信，中国的变革还只是刚刚开始，因为渴望改变自己的人、期望改变世界的人还在不断地涌向这个舞台。

致敬中国企业家精神

文 | 陈东升　泰康保险集团股份有限公司创始人、董事长兼CEO
亚布力中国企业家论坛理事长

2018年是改革开放40年。1978年，我们的国家战略重新回到了以经济建设为中心，唤醒了整个国家的生机与活力，也带来了翻天覆地的变化，其中之一就是中国企业家和企业家精神的回归、成熟与壮大。

一

40年间，从农村到城市、从沿海到内地、从政府到民间、从外资到民企，企业家精神和创业、创新的浪潮席卷神州大地。农民、工人、个体户、军人、教师、干部、记者、诗人、知识分子和科学家，不同性别、不同职业、不同身份的人，通过艰苦打拼，都有了一个共同的身份——企业家。

80年代初，改革刚刚开始，在没有明晰产权制度的情况下，柳传志、张瑞敏、鲁冠球、宗庆后、王石、任正非等老一辈企业家开始了创业的探索与冒险，他们用默默耕耘描绘出中国企业家精神的厚重底色。

　　90年代是企业家的时代。1992年邓小平南方视察后，兴起了新一轮的创业、兴业热潮，田源、冯仑、郭广昌、艾路明、毛振华、王梓木、朱新礼、刘积仁、俞敏洪、胡葆森、郭凡生等一大批在国家机关、科研院所工作的知识分子纷纷"下海"，"寻找一个行业空白、创办一家标杆企业、带动一个产业的发展"，他们被称作"92派"，是中国现代企业的试水者。到了90年代中后期，海归成为了新时尚，互联网成了新经济，创始人制度和期权制度被引入中国，张朝阳、马云、马化腾、李彦宏等企业家由此而诞生。

　　加入WTO后，中国成为一个完全开放的市场，拥有完善的产权体系和成熟的资本体系，这也是成熟的企业家精神迸发的伟大历史时期，中国进入一个"万众创新、大众创业"的时代。雷军、王兴、张一鸣等企业家开启了新一波的创新浪潮。

　　30年前，我在杂志社学习《财富》"世界500强"企业评选，推出了"中国500家大企业评价"。在对比研究中，我发现了一个现象：一个国家拥有世界500强企业的多少，和这个国家的GDP在世界上的排序完全成正比例。因此，我得出一个结论：没有一定数量在国际上数得着的大企业，国家的强盛就无从谈起。实业报国成为我"下海"创业的初心与人生理想。

1992年，我开始着手筹办拍卖公司和人寿保险公司，嘉德拍卖于1993年成立，泰康人寿直到1996年才拿到牌照。2018年，嘉德拍卖成立25周年，中国早已成为世界三大艺术品拍卖中心之一。经过22年的创新发展，泰康也从单一的寿险公司，发展成为大健康保险集团，开拓出了医养新领域，并于2018年登上《财富》"世界500强"。我是从学《财富》"世界500强"，评"中国500大"，再到创"世界500强"。在中国这片热土上，现实比理想来得更伟大！

二

改革开放就像时代的巨浪，把所有的人都裹挟进来，推动着历史前进。中国的企业家，从老一代到我们这一代，再到70后中生代和现在的80后、90后新生代，一代一代、一波一波，前赴后继，就像洪流般浩浩荡荡；虽然也有失败的、放弃的，甚至还有坐牢的，但是创业者和企业家的群体越发壮大，创业、创新的洪流越发波澜壮阔，从来没有人能够阻挡。

中国的企业家精神也从不自觉到自觉，从被动到主动，从稚嫩到成熟，从躁动到平静，从赚钱到做社会公益，从模糊灰色的商业交易逐步走向新型的政商关系。中国经济从跑马圈地资源性的驱动走向今天效率创新的驱动。一切都在进步，一切都在进化。

企业家精神是冒险、创新的精神。他们敢为人先，走创新和效率驱动的道路，不断推动着中国经济的转型升级。

企业家精神是乐观、执着的精神。他们看准目标，持之以恒，义无反顾地迎接机遇和挑战，永远做发光、发热的永动机。

企业家精神是专业的精神。他们是农夫而不是猎人，目标纯正，心无旁骛，精耕细作，通过专业化耕作来收获果实。

企业家精神是模范精神，是这个社会永远的正能量。走专业化、市场化、规范化的道路，遵循"亲清"新型的政商关系，成为这个社会的榜样与楷模。

历史是杆秤，我们的成功、我们的失败、我们所有的历练都在积累，所有的积累都在增加它的分量。时间是把尺子，只要我们坚持，只要我们不放弃，只要我们坚守心中对专业、对市场、对国际化的敬畏与向往，只要我们坚定地用阳光的心态、用开放的姿态去寻求我们的财富，这个尺子会测量出你的价值。

企业家精神是民族强盛的筋骨，只有一波波、一浪浪执着于创新、创业的企业家不断登上历史舞台，我们的国家才能永葆青春与活力。中国企业家精神40年的积累，不仅走到了今天，而且还会永远地走下去。

三

当前，改革还在继续，开放也在继续，国家战略仍然以经济建设为中心。国家提出市场是配置资源的决定力量，深化改革、扩大开放、依法治国，正在演绎一个更深层次、更大范围、更综合和更深刻的改革与变革。

2018年11月1日，习近平总书记在民营企业家座谈会上说，"民营企业和民营企业家就是自己人"。这一句话暖人心、定乾坤，坚定了民营企业和民营企业家的信心，将焕发企业家精神，调动我们国家所有人的积极性，开启中国民营经济发展的又一个春天。

民营企业过去是从无到有、从小到大，现在是做大、做强，做精、做专，走向国际，"形成更多具有全球竞争力的世界一流企业"。所以未来40年，还要靠我们在座的企业家、靠年轻的一代，把这部伟大的故事继续演绎下去。

向改革开放40年致敬，向中国企业家们和企业家精神致敬，向这个伟大的时代致敬！

改革开放40年：我都去哪儿啦

文|冯　仑　御风资本董事长

40年前，我还在读书的时候，突然社会上多了一个词——"改革"。起初我并不知道这个词将与我的个人生活发生多大的关系，无论是本科、硕士还是开始工作，关于这件事情，我都是在关注别人的所作所为：对别人做得不对的事情我希望有所改变，或者别人想把事情往更好处做，我会为他加油。于是我就这样懵懵懂懂地加入了改革的"吃瓜群众"行列中，完全是从一个看客的角度去窥探、去加油、去使劲。

可是没想到，在1989年，国家前进的列车突然"咚"地一下地急刹车，颤动了一下，然后又拐弯，开始是小拐弯，最后是大拐弯，又拐回到原来的位置和轨道上。结果这么一停、一拐弯、一折腾，我从车上被颠下来了。颠下来后才发现，自己已被改革了，于是只好寻找新的生存和发展方向，这等于说自己也需要改革，目的就是要把自己改得跟原来不一样，不光能自己养活自己，而且要把自己改造得和国家（社会）未来更宽广的前途相吻合，给自己一个新的事业生命。

　　自打改革了自己以后，我觉得应该要更多地做自己能做主的事，于是就办了一家后来叫"万通"的公司。办公司以后，我发现自己被改革以后最大的改变是自己能决定自己几点上班，自己能决定给自己发多少钱，自己能决定去哪里。这三件事看似自由了，但实际上却成了一个戴上"镣铐"的自由人。因为这一自由的代价就是要屈从于所有获取自由的手段，比如时间、金钱以及经营企业的资源等，这样一来，就不得不陷入一个更加忙碌的境地，每天睁开眼睛只想着为自由而挣扎。

　　一晃也快30年了，我发现这30年里我做得最多的事情，不是谈论改革，不是自身去体会被改革，而是出差和不间断的飞行。我现在一年要飞一百五六十次，所以做生意这半生下来少说也有三四千次的飞行。这种频率的出差、这样的折腾，却总让我感到既兴奋又疲倦，既期待又茫然，既充实又空虚；既感觉到些许成功，又不时有些沮丧；既有过程中的些许快乐，但也有之后的惆怅。

之所以会有这么复杂的情绪，实际上主要纠结在这三件事儿上。

第一件事儿就是去哪。每次旅行前我总要问一件事情，这次去哪？当每天办公室秘书给我排行程的时候，也总问我，周几要去哪儿？那个地方要不要去？每天起来最发愁、最需要判断的也是今天要去哪儿，这是不是一次有用或有价值的出差，这也是30年来我需要决策最多的一件事情。权衡具体要去哪儿，内心总要有一个选择的依据和判断的尺度。

最初，总会选择我们激情四射和认为有机会的地方，所以我们六个人（万通六兄弟）不约而同选择去了海南。在被改革的状态中找到了海南大特区这个热闹非凡的改革热土，于是我们开始在那野蛮生长。所以初期的去哪儿都是我们认为最容易生长的地方、最容易绽放和最轻松的地方，也是最不怕失败的地方，因为那里有着最多跟我们一起尝试在失败中找到方向的人。

之后，我选择的地方就是所谓有商机的地方、有机会的地方。所以1993—1999年，我飞了很多地方，都认为是有商机的地方，而当时判断的商机就是有熟人，有哪个人当了领导。有些是亲戚给了一些机会。于是我自己在中国不停地飞，飞了一堆地方，实际上在每一个认为有商机的地方都去探了一头，踏了一脚，摸了一手。结果，当然是沾了是非，留了得失，看了很多"廿世纪之怪现状"。

再到后来，也就是1999年后的七八年时间里，去了哪儿呢？每天就是由前面所谓奔着商机走过的地方惹出来的是非继续牵着走，所以到后来就变成了哪里有是非就去哪里，哪里需要平事就去哪里，哪里有麻烦就去哪里。

最近几年，是非似乎消停了，怎么还这么飞呢？要去哪里呢？这会儿要去的是一个有更大梦想的地方，要去那些是非更少但还能够发展事业的地方，也要去那些公益引导我们去的地方。我参加了很多公益组织，因此每年会去参加阿拉善、壹基金和亚布力这样一些企业家的公益活动。所以这几年我去了非常多跟公益相关的地方，也去了很多被新的梦想所牵引的地方。

那依据现在的判断，每天应该去哪里呢？当然希望是事业发展当中是非最少的地方、政商关系更简单的地方、业务更容易生根和增长的地方，同时也是要去公益事业引导我们要去的地方。

未来要去哪儿呢？我想未来最需要去的地方是大家所说的理想社会。理想社会是什么呢？社会的理想境界是什么呢？理想的状态又是什么状态呢？那一定是没毛病的状态。没毛病怎么办？当然就不需要改革。所以，我们未来要去的一定是不需要改革的地方，去一个我们省心省力，而且大家能够各自相安地发展事业，无须烦恼，只需用力把自己的本分做好就可以的地方。这就是未来我们心目中理想的市场环境和社会环境。总之，我们要去一个不需要改革的地方。

然而，除了每天要琢磨去哪儿之外，还有一件事也要费心思，那就是和谁去。和谁去，就意味着每次都要约人，要约这位或者那位，或者大家不约而同。比如来亚布力，每年到了这个时间，大家就不约而同地到了；去阿拉善，我们也不约而同。

起初我们总是要约，最初时我是和一起创业的伙伴约着走，在企业刚刚开始的时候，只要是出差，就是和这些创业伙伴们，比如功权、小潘、小易、刘军、启富一起出差，当然都是我们自己拎着包，然后颠着颠着。从北京到海南，我们差不多各种走法都尝过。有走十几个小时的海路，在船上颠得直呕吐；也有坐那种几十块钱的大巴，坐一通宵，从广州坐到海南；也偶尔坐飞机，或者坐被卖猪仔的坐过的出租车。但我想说的是，创业初期我们是自己搭伙走，吹口哨，走夜路，自己给自己壮胆。

之后，我们是随着机会走，所以总约的人变成了我们认为和机会成败相关的朋友、伙伴，甚至是牟利者。当然，我们也是牟利者，大家都为了一个所谓的机会和利益一起出差。在这个过程中，其实是利在则聚，利去则散，所以这样的出差方式留下了一些碎片式的回忆以及愉快和不愉快的场景，但并没有引起我内心深处更多的改变，我还是原来的自己。

当然，当我们的视野慢慢地开阔，也找到了自己前进的主业和方向的时候，更多时候是和同行一起出差，所以会和同行去做行业考察、去学习，看一下全世界的房子究竟有多少种做法，客户有多少种要求，我们的服务应该有多少种不同的满足方式。开始跟同行走是一个愉快的经历，因为和同行在一起，可以彼此鼓励，彼此学习，彼此加油，取长补短，互相关照，互相接济。

最近10年，除了同行外，我们每天出差还得和同道者走。我发现越来越多的时候，不管是不约而同还是有约而同，偶然相遇的都是同道者。一方面，在企业发展的方式上，在完全坚信市场的力量上，在坚持"亲清"政商关系上，我们是同道者，是中国企业家当中的明白人。我们在路上经常会相遇，也会相约一起做事情。另一方面，在公益事业发展当中的企业

家，我们也会更加频繁地打交道。因为做公益和承担社会责任这样一条"道"把我们连在一起，同道者同行，我们会经常相约做一些有意思的公益活动。

今天我们在亚布力就是同道者聚会，也是同行在一起交流，当然也有人完全是因为有朋友在这里，所以来这儿休闲，做一次轻松的分享。所以，和谁去是三四千次出差的飞行当中需要考虑的第二个问题。

第三件事儿是做什么？回过头来想，无非就是增加事和减少事。你出一趟门，总是会像采购一样，"滴里咣当"地装一堆东西回来，这就叫增事；而有时候出趟门找了很多人，处理一些事，比如要化解一些纠纷，要纠正一些做错的事，要处置一些资产，这就叫减事。所以买卖买卖，如果是买，就是增事；如果是卖，就是减事。增事也叫惹事，惹事都是惹哪些事呢？惹上了好事，当然叫增益，企业会更好地发展，个人的利益也会随之增长。如果惹了不好的事，就惹了是非，对你的收益就会产生很大的负面影响，你的事业就有可能受到打击和抑制。一个人赚多少钱，不光是你收入的多少，实际上还要承担潜在的成本，比如体制带来的制度性成本，比如你跟某一位政治人物或某一个政治集团的是非可能会给你带来一种颠覆性的风险。假如你赚了100元钱，如果这种潜在的是非带来的风险可能需要500元才能解决，那就等于是亏的。反过来，如果赚了100元钱，你惹的是非只有10元钱，再拿40元钱去平掉这10元钱的是非，你还剩50元钱，所以还是赚的。因此，每次出门去做事、惹事，一定要惹简单的事，惹低成本的事，惹能够可持续发展的事情，而不是偶尔暴力的事情或太多是非的事。所以，减事就要减是非，增事必定要增利。

每次出去做事，大体上就这么些事，一开始不懂，经常在增益的动机下惹事，直到现在人过中年才明白，更重要的是在做事的同时要减事，要平事。

现在每天出门，我首先当然还是要逐利的。作为买卖人，逐利是本性，也是职责和义务，更是工作。所以逐利这件事是我每天要盘算的事。

其次，我当然也要追名，名和利可以互换，人都难免有虚荣心，难免要为声名所累，所以，在逐利之外还要追名，这恐怕是在商业活动当中不可免俗的事儿。

此外，在最近越来越多的出差中，实际上我开始关注另外两件事，就是修身和养心。所谓修身，就是注意自己的行为举止，要让日常的行为不偏离心目中的道，必须要简单、专注、持久地去做事，做好业务。要心怀员工、心怀企业、心怀社会、心怀利益相关者，关注企业的社会责任。另外，也要注意自我修养，让自己的内心经过繁杂的半生之后，能够慢慢归于平静，逐渐达到内心的宁静。做到"惯看秋月春风，古今多少事，都付笑谈中"。所以我在出门出差和做事的时候，慢慢就由惹事、增事逐渐学会了减事，由惹是非逐渐学会了平是非，由逐利追名逐渐演进到修身养性，这就是我们出差逐步变化的轨迹。

回过头来看，被改革了30年之后，企业仍然在继续发展，我还得继续出差，而且在未来20年里，还会有三四千次的出差。加起来，一生得有五六千次的飞行，但愿未来的飞行能够像过去30年逐渐明白那样，去减是非的地方，和同道者在一起，做增益的事情，让正确的事情有连续的积累，达成事业和身、心、灵的平衡，让自己处在一个相对舒服的状态当中。

小到我个人，大到今天来这里开会，难免要议论改革40年的事。其实改革和国家的大事儿和我要去哪里的琢磨也有相同之处。一个国家的改革同样也需要每天考虑去哪儿的问题、和谁去的问题以及做什么事的问题。改革的最终结果应该是让我们所有的企业家能够感受到道义的存在、权利的存在、市场公平的存在、财产和企业长期发展安全性的存在、社会公平正义的存在以及自我的身心灵得到平衡的存在。

如果要管点大事，说点闲话，如果改革40年后还要继续下去的话，那我的希望就是：未来背负了越来越多大概念的改革能早点结束，早点进入到一个不需要怎么改革的理想社会，让晚年能够在不改革中度过。

企业家，弄潮儿

文 | 黄怒波　北京中坤投资集团有限公司董事长

一

40年了，这是一个人生最主要和最精华的岁月。我们父辈的40年，是在艰难和沉重中度过的。我们的后来者，是现在的这些如狼似虎的创业者们。他们必将有不知该怎么形容的辉煌40年。但是，我庆幸我活在了这个40年中。因为，它是改革开放的40年、是一个民族终于崛起的40年。

在40年刚刚开始的时候，"下海"的人都被称为"商人"或是"个体户"。这是当时的社会对社会阶层一种新的分类方法。现在回想起来，它有一种略带怀疑以及不纯洁的社会情绪。这也是我要从中宣部出来"下海"之前再三犹豫的原因。当时的体制，权力色彩浓厚。与之配套的是"铁饭碗"。"下海"当商人，一夜间就失去了权力的保护和供养。这在我的心头造成了巨大的不安和压力。从办公衙门走出来，放下了笔杆子，去和贩夫走卒周旋，开口闭口都是那"肮脏之物"——钱。那时候，谈不到企业理想和社会责任。只是想着，怎么能够挣到钱，能养家糊口。所以，当能多卖出一盒名片和倒卖一吨钢材时，心中的成就感便油然而生。当遭遇种种白眼之时，难过之余，就拿孔子来说事。心里就对自己说：知道吗？孔子最优秀的弟子之一就是商人——子路。孔子能周游列国，靠的是子路的钱财打理能力。有时候，心情太糟糕了，半夜

睡不着，借酒消愁也没用，就会爬起来看书。看什么书呢？最喜欢看的是佛祖释迦牟尼成道的故事。佛祖历经了千难万险，最后在菩提树下顿悟。站起来后，第一个遇到的就是两个商人。商人们为他的佛法所感化，也为他献上了供奉。自此，佛门的人能够弘扬佛法，都是靠着世人的供养。每每重读这个故事，就觉得做商人也是挺光荣的。

在改革开放的后半期，学者们开始把商人称为"企业家"，这可是中国历史上开天辟地的大事。"企业家"的称号是市场经济的代名词，从它引申过来的就是企业家精神。当一个社会需要创新的企业家精神时，从商人变成企业家就是一个人人生中的脱胎换骨之大事。现在想起来，子路和那两个供佛的商人，都应该称为"企业家"。因为他们都是知识的供奉者，都承担了社会责任，他们都让血淋淋的金钱涂抹上了神圣

企业家，弄潮儿

的光环。既然，都被称为"企业家"了，在这40年当中，我们这些打拼的人，就都背上了企业家精神的重负。为什么呢？因为你必须表现出破坏性创造的精神来。在这个意义上，只要社会给一点儿缝隙，大家就会钻过去，不放过任何机会。无论经济危机和宏观调控压力有多大，大家都宁死不屈。那些倒下的人就不说了，但走过来到今天能写这封信的人，肯定都是伤痕累累，同时也都心怀感恩。最近，我常常想，如果再从头来40年，我会更不犹豫地脱离体制。因为，这个时代太伟大了，我不能被落下。

不管是房地产还是旅游行业，我们进入的都是重资产行业，所付出的代价就是在一个新经济的时代到来时最先被清零。但是这种清零，让我们这40年的生存更加纯净。因为，这是我们这个民族千百年来没有过的精彩时刻，而我们赶上了。这也是必须向这伟大的40年写一封致敬信的原因。当然，这个民族的每一个人都应该向这过去的40年写一封感谢信。但是，我们最应该写。因为，在这40年国富民强的财富积累过程中，我们是弄潮儿。

二

其实，这也是一封写给自己的信。小时候，在黄河边的荒草河滩上撒野，总会看到一条条小渠、一洼洼积水，蝌蚪、青蛙、鱼儿都在里边游动。但是，最爱捉的还是泥鳅。为什么？因为泥鳅难捉。滑溜溜的身体、结实紧凑的肌肉、小小的眼睛、尖尖的嘴巴，还有两条神奇的小胡子。你握住它时，十有八九它会七扭八拐地逃走了。但是，捉一口袋泥鳅回家绝不是一个好主意。因为大人会训斥，说泥鳅不好吃。

"下海"经了商，经常就会想起这些被嫌弃的泥鳅来。有一次，参加一个论坛，轮到一位国企的老总发言，他基本上眼睛不看众人，讲的都是让我们瞠目结舌的投资额度，发完言，他昂头而去。我自惭形秽，看着他，突然明白了在市场经济的大海中，我们这些做民营企业的也就是个"小泥鳅"。看台上那位趾高气昂的演讲者，怎么看都是一副"鲤鱼要跃龙门"的姿态。这个印象太深刻了，以至于后来一直拿"泥鳅"自嘲。但有一天，一位我很尊敬的一直为民营企业撑腰呼吁的长者在演讲中说，要把市场经济搞活，就需要民营企业。为什么呢？因为民营企业好比一汪死水里的泥鳅，是搅局者，能把市场激活。听到这儿，我的心就舒服了。是的，在改革开放40年里，每一个行业当中，都有"鲤鱼"跃过了"龙门"，但是没有跃过去的也不赖；同样在浑水里折腾的"泥鳅"，也为这40年惊涛骇浪的兴起做出了自己的贡献。

在这40年中，"下海"做企业，我心里一直不平静。"泥鳅"这个形象像一个魔咒一直禁锢住了我的心灵。作为民营企业，最好别抱有"鲤鱼跃龙门"的奢望。不要为此去赌，去铤而走险。要有勇于敢做"泥鳅"的精神。这就是说，一直要不安分、要搅局、要顽强地生存下去。当然，从另一个角度讲，在这40年中看到的是一个

时代的巨变，经历了一个精彩的人生。但是，也有遗憾。遗憾的是这个社会更世俗化了、更功利化了，经济的发展更无情了，"泥鳅"们的日子也更不好混了。

2017年的夏天，我回到家乡宁夏。在黄河边的一个饭铺里，老板端上了一道菜，那是一大方块冒着热气的卤水点老豆腐，旁边是一碗醋泡的辣椒、蒜泥。我问老板，咱这宁夏的豆腐一向是冷着吃，怎么你把它蒸了端上来。那老板笑而不语，顺手拿起菜刀把豆腐从中间切开，让我大为吃惊的是，这块豆腐中间钻了六七条泥鳅，都被蒸熟了。老板说，刚你说这豆腐贵，现在知道了吧，卖的是泥鳅，不是豆腐。我很诧异，这豆腐光溜整齐的，泥鳅怎么钻进去呢？老板说，这是一道传统菜，叫"泥鳅钻豆腐"。其做法是：把泥鳅先在水盆里放两三天，不喂食，让它把肚子里的脏物都吐干净。然后，拿一块豆腐放到锅里，倒满了冷水，就可以把泥鳅放进去了。这泥鳅欢快地绕着豆腐畅游时，水就被加热了。当水温越来越高时，泥鳅的倔强劲儿就上来了，一个个把整个身体扎进豆腐里。等豆腐煮老了，泥鳅也就被蒸熟了，一道菜就成功了。那老板看不出我心里有鬼，一个劲儿地劝我下筷子。但我心里很难过，因为这市场经济转型的时刻正如火如荼，这一个个做企业的都像这冷水锅里的泥鳅。宏观调控的力度越来越大，水温越来越高，这转型的压力就把人逼进了大气氛的豆腐里，一个个变成了胜者的美味佳肴。这就是做企业的挑战。这也是在这40年中，大家丝毫不敢懈怠的原因。但是，正是因为这种压力，逼迫一代企业家成长起来。所以在改革开放40年之际，可以从一个"泥鳅"的角度写一封信，说的就是——祝福那些"跃龙门"的同时，也千万不能忘记那些困在池塘里的"泥鳅"。

三

伟大的40年，哺育了一代优秀的企业家，也留下了财富与公平的争论和疑问。经济学家们时而不屑地将"企业家们"贬为"商人"，时而又恩宠地在下一个论坛把"商人"尊称为"企业家"。以至于纵观天下，似乎企业家如群星灿烂。但是，社会给企业家们不断加码，加上越来越重的社会责任与要求。有时候我就想，"在商言商"，我们好好地把商场的活干好，把经商的手艺炼好，不是挺好的吗？但为什么总还有那么多的非议和争论呢？在这40年之际，带着这个不解回想自己的企业之路，再回头看看40年前刚出发的时候，我突然明白，是这个社会变化太大了，时代发展得太快了。过去的一切经验都在重新建构。社会已经从对财富的追求上升到了对公平的追问。因此，做企业的是熬过了这40年。但是回首往事，在为能生存到今天而捏了一把汗，心有余悸时，也要对自己的经营历程复个盘。那就是要看到有多少事是必须悔恨的、有多少错误是不能再犯的，这是一种精神涅槃之路。悟出的道理最好是：在这40年之际，写完这封信不是人生篇章的总结，而应该是一个新经济时代的"新泥鳅"诞生。应该把那副"英雄到老终归佛，名将还山不言兵"的条幅从墙上摘下来，卷起来，把自己的40年清零，再出发。因为，下一个40年更精彩。

遵亚布力论坛之邀，谨以此信向中国改革开放40年致敬。

企业家，弄潮儿

成就自己　成就时代

文 | 俞敏洪　新东方教育科技集团董事长兼CEO

　　尽管这是一个命题演讲，但我觉得可以用真情写下来。我2018年56岁，改革开放的第一年——1978年，我刚好16岁，二八年华，正是最美妙的年龄。

　　我知道这个命题演讲，是要我们写感恩，对于改革开放的感恩，对于中国这40年发展的感恩，对于党和政府遵循着改革开放的道路、带领人民走向富裕的感恩。

　　但是我首先想说的不是感恩。我们获得的一切，是我们本来应该拥有的正常生活和发展状态。一个社会，本来开放才是正确的，本来宽容才是明智的，本来让人民自由自在发展才是合理的。因此，实际上我们不需要感恩，因为人的生命本来就应该是这样的：在明媚的天空下，自由自在地生活和发展，在对所有人都公平、公正的法律约束下，大家一起共同努力获得更好生活。

　　不得不说，过去的几千年，中国的普通人民，从来没有得到过一个人应该得到的权利。也没有任何人真正去认真探讨

过，一个人应该得到的权利是什么。我们知道皇权，我们知道服从，我们知道屈膝，但我们很少知道一个人应该昂扬，应该面向阳光，应该尊重自己、尊重他人；不应该没有原则地低头，没有尊严地逢迎，没有骨气地讨好权贵。但我们习惯于跪下太久了，以至于觉得膝盖弯着才是正确的姿态，看不到大地，看不到远方，更看不到地平线和天空。我们本来应该得到的一切，变成了恩赐，变成了感激，变成了五体投地。

但我依然要表示感谢！因为在这个40年间，我们终于可以抬起头来，看看天空，听听远方的风声，想想地平线之外的事情。要知道，在中国过去的几千年中，几十亿人都是没有这个机会的。我们终于敢想象，我们可以凭自己的努力创造我们自己喜欢的世界。我们终于可以行走天下而不用囿于一方。我们终于可以自由地读书而不是背诵教条。我们终于可以自由交流思想而不至于惊恐万分。我们从一个几千年只能作为奴才的帝国走出来，终于可以舒一口气，对着大地宣示一下自己的存在。这一切不是我们自然能够得到的，而是改革开放给予我们的机会和权力，是40年一代又一代领导人深刻理解中国和世界发展趋势而做出正确决策的结果。我们有幸生在了这个时代，我们有幸经历了这个时代，而且我们必将还要经历后面更好的岁月。

这是中国几千年的破局，前无古人后无来者，念天地之悠悠，独怆然而开怀。我为生在这个时代感到幸运，我为还能够迎接后面几十年的变化而激动。有多少人，能够经历我们20世纪60年代出生的人所经历的这几十年时光？有谁能够面向未来还能够遐想青春和成熟结合的岁月？谁能够经历60年代的封闭极端、70年代的阳光初现、80年代的思想解放、90年代的世界融合、00年代的传统崩溃、10年代的科技颠覆？有谁能够经历60年代的"斗私批修"、70年代的"批林批孔"、80年代的包产到户、90年代的私企蓬勃、00年代的互联大潮、10年代的共享经济？又有谁能够从一无所有的穷光蛋，变成搅动世界经济大潮的企业家？这是人类生存史上的奇迹。我们这代人，生活了50多年，经历了人类社会几万年都没有经历过的风云变迁，惊涛骇浪，社会发展，国家繁荣。向天再借500年，我想古人就算向天再借5000年，又怎能敌过我们这40年改革开放的时光？

所以我要感激，感激父母把我生在了这个时代，感激党和政府引领我们走向了这个时代，感激世界把我们送入了这个时代，感激各位政治家、企业家、思想家一起创造了这个时代。时代让我们变成了今天这个样子，我们也让这个时代变成了今天这个样子。我们也要感谢自己，在这个风云变幻的时代，我们没有放弃自己，没有放弃奋斗，因此，我们也同时成就了自己，成就了这个时代。

从一个农民的儿子，没有任何前途和希望，到三年高考失败最终走进北大，到在北大被时代潮流所裹挟，毅然纵身入海创办新东方；从一个十几个人的培训机构到美国上市公司；从一个默默无闻的青涩少年，到游遍世界的成熟中年；从一无所有的浪子到朋友遍天下的行者；自由之思想，独立之精神，所有这一切都是这个时代的给予——是人类奋斗了几万年，然后把结晶送给了我们。

　　所以，今天我们在这里，庆祝中国改革开放的40年，庆祝中国人民自由发展、努力奋斗的40年，庆祝党和政府正确道路的40年，庆祝世界科技高速发展的40年。在这40年之后，我们相信还有更加精彩的40年，我们在这里庆祝过去，我们更在这里期待未来——那更加美好的、让一代又一代中国人民生活得更加美好的未来，让世界变得越来越和谐、融合的未来。

心向远方

——致敬40年

文 | 刘积仁　东软集团董事长兼CEO

过去的40年是幸运的40年，每一步都很艰辛，但不断有收获。

这是多彩的40年，面对着太多、太快的变化，目标在不断地改变，好像是一场没有停止的旅行，开始就不是为了到达某个地方，而只是为了经历不同的风景，经历磨难，寻找着超越自我的刺激，收获超出预期的满足。

这40年是认识世界也是认知自己的40年，与这个给予你机会的时代和帮助过你的人相比，个人的智慧与努力不值得骄傲和自豪。

四十年，变革的机遇

40年，中国经历了政治、经济和商业形态的持续变革。信息技术从在军事、科技上应用，到成为每个人的日用品，它用便宜、连接、融合不断地创造出新的社会形态，构造出了一个全新的数字社会，改变了各行各业的存在方式和每个人的生活方式。40年前，不可能想象到计算、连接和数字存贮会如此之便宜和普及，也不会想象到数字创新成为一个民主化的运动。

这40年一直让你激动和不安，日新月异的技术进步，让你不得不保持一个努力学习的状态。新技术、新概念不断刷新你的经验、你的积累，让你没有办法用不变的规则来理解信息技术对社会变革的影响。你不得不进取，因为跨领域的竞争使得你连对手在哪儿都看不见。你对速度会十分敏感，因为与竞争者一步的距离可能会决定你的生死。数字化技术赢者通吃，没有边界，能拥有一块属于自己的数字领土十分不易。你还会感受到人的质量随着信息化的普及在快速提升，你最有可能的竞争对手不再是拥有多年经验的老手，而是年轻人，他们会以更快和更跨越的速度参与竞争，创造着完全不同的商业模式，改变着竞争的格局。

40年，其实技术上从来没有过真正的泡沫，每一轮泡沫的消失都会成为下一轮成长的经验和再出发的铺垫，为后来者的成功节省了很多成本，教育了许多用户。互联网、人工智能、VR都经历过几次高峰和低谷，让一批批开拓者受伤。就像革命一样，烈士们的鲜血没有白流，一个又一个伟大的企业在失败中诞生。

特别是最近10年，互联网的高度渗透，让我们看到了一个软件定义商业模式、软件与商业融合的时代，大数据、人工智能、算法、互联网、超级计算能力和低成本的存储构造了一个数字社会的新空间，东软开始向大健康、大汽车人工智能等领域中寻找新的机遇。

如果说，40年中国改革开放的结果是我们在经济上取得了伟大的成就，在脱贫方面获得了巨大的成功，其实还有一个让我们可以兴奋的是：中国拥有了超级的信息社会基础设施、庞大的数字化经济消费群体和数字化生活方式的创造者，这会让中国拥有更多彩的未来。

四十年，创业的舞台

这40年，中国就是一个舞台，开始的表演者都是业余的，他们不惧怕失败，在表演中学习，他们没有剧本，一面编一面演。但这是一个十分宽容的时代，关于对和错的判断没有那么精准。在这个时代成长起来的创业者学会的最大本事就是生存、灵活与创造，好日子可过，不好的日子也可以过。他们十分宽容，没有太多的抱怨，因为他们的今天总比昨天好；他们接受社会的不完美，因为这些不完美都是他们的机会。

这40年给了创业者太多的选择和表演的机会，太多的空白，太多的需求，有时真不明白是自己表演得好，还是获得掌声太容易？容易的收获，使一部分人忽略了对自己能力的判断，也因为太多的喝彩而忘乎所以，失去了再持续表演的机会。这也是一个大批创业者退出舞台的时代，许多创业者没有机会走到今天，但是，这丝毫没有影响到这个时代的精彩，无论是喜剧还是悲剧，都在推动社会的不断进步、不断完美。我们用实践、创新获得了中国特色的发展模式，我们要为这个舞台而喝彩。

创业者最大的满足不仅仅是自己收获了什么，而是与社会分享了多少价值。要特别感谢中国这个大舞台和这个时代，让东软有机会为中国一半以上人口提供社会保险服务的支持；支持30%的医疗机构每一天的运行；全世界110个国家的9000多家医院使用着东软的医疗设备；近4万名大学生在东软大学的校园中读书；每天在世界上行驶的上百万辆汽车中使用到东软的软件。东软的软件渗透到各行各业，为社会的进步出了一点贡献，以报答这个时代给予我们的恩赐。

中国这40年，也让我们看到了解放人而释放出的能量。你一定会相信，中国的变革还仅仅刚刚开始，因为渴望改变自己的人，期望改变世界的人还在不断涌向这个舞台。这个舞台会越来越大，年轻人将成为这个舞台的主角，他们将把中国变得更强大、更有活力。

四十年，认知了自己

40年收获颇多，要感激岁月，让我有机会经历、体会、

心向远方

吸收时光带来的营养。

年轻时因为收获得太多、太快，一身傲气，高估了自己的智慧和能力，路走多了，对自己的认识也就清楚了。这是修行的40年，重新塑造自己的40年，让你客观地认知自我的40年。社会环境的不断变化，各种利益与欲望的驱动，能让你安静下来的是身边发生的故事而不是教科书。当你看到太多比你还要努力、比你还要聪明的人，并没有收获，而一些你看不起眼的人却取得了让你想象不到的成就，还有一些特别有才华的人犯了低级的错误，你就会相信每个人都有自己的命运。

能顺利地走过这40年是幸运，是自己的造化，更是环境对你的照顾，如果你有了超出自己能力的收获，一定会对"感恩"这两个字有深刻的理解。首先，你要感谢这个时代，让我们拥有比父辈们更多的机会，没有经历那么多的苦难，没有那么多的束缚，还要感谢一路给了你机会的人。

40年，走过这个时代，尽管它还不完美，但我们在不完美中找到了机会，这个时代有很多不公平，但我们在不公平中获得的比过去多，40年，没有什么值得抱怨。

四十年，体会远方

忙忙碌碌，匆匆40载，每实现一个渴望的目标，才明白了你享受的是过程而不是结果，你就会有新的选择。站在不同的高度会看到不同的风景，好奇心和收获后的自信会让你走向另外一个高度，你会把艰难看成是甜美，明白了走好每一步的重要性，明白只有经历了不尽的彷徨和摸索，才会让自己慢慢变得成熟、睿智而坚强，才能越来越认识自己，在感恩中让自己更安静。

　　时间在浓缩，生命只有在奉献中才能延长。如今，虽已至花甲之年，但心中还是那样不安分，期望走向那更加清晰的远方。

循道追光　感恩时代

文｜**胡葆森**　河南建业集团董事长

2018年是中国改革开放40周年。发生在占世界人口1/5的中国的这场社会变革之于我们这个民族、乃至于整个人类的积极意义，放眼当下也许并不能全部展现，但它注定是历史性的，是不可替代的。作为这场变革全程的亲历者、见证者、参与者和受益者，抚今追昔，感慨良多，回望时代，鞠躬深谢。

一谢这个时代，它让我1979年走出校门即于改革开放元年投身于对外开放的前沿，作为英语专业的毕业生开始了自己的国际贸易生涯，顺天时而为，步入商海。

二谢这个时代，它让我作为河南省第一批外派人员，于1982年7月1日被派往香港工作。在近10年的时间里，我利用身份之便，或陪同贸易团组，或只身一人，造访了60多个国家的近200个世界名城，开阔了视野，对东西方文化、传统与现代文明都有了初步的观察与思考，逐步奠定了我的世界观、人生观和价值观的基础。

三谢这个时代，它让我有幸与中国投资银行业务的先驱者方风雷先生于1985年初一起组建了河南省第一家综合性贸易公司"中原国贸"，并继而成立中国中原集团，使我有机会负责集团的海外业务，开始研究日本、韩国综合商社以及美国管理最好的100家公司的经营案例，为日后创业奠定了专业与信心的基础。

　　四谢这个时代，它让我在香港工作的过程中懂得了职业生涯的选择权之于人生的意义，逐步坚定了实业报国的信念，并于1991年年底辞去公职，迎着1992年1月邓小平南方视察的春风，返回家乡河南，创办了建业地产。借着城镇化的东风，扎根河南26年，践行着一个建设者的宏愿。

　　五谢这个时代，它让我们50后这一代人既饱尝了建国初期共和初创的不易以及"大跃进"超常规发展后遗留的苦果，目睹了三年自然灾害满街饥民的惨状，还经历了一个8亿人口的大国整整三年大、中、小学全部"停课闹革命"的乱局和整整10年的"文化大革命"。同时，我们又经历了40年改革开放国

家剧变的全过程，GDP总量从3645亿元奇迹般地增长到了2018年预计的88万亿元之巨。幸福感是在对比中获得的——从苦难中一路走向富裕的我们这一代人，又注定是当今社会中幸福感最强的一代人。

六谢这个时代，它让我们认识到，除政治家、科学理论家外，企业家也是社会进步的主导力量，他们决定着资源的价值和各种社会资源最终的配置结果。使命感、责任感、创新和不断超越，是企业家奉献给社会的最宝贵的精神财富。

七谢这个时代，它让我们从中外先哲们的智慧中，从国家40年巨变的过程中，不断地认识着、探索着大自然运行的规律和人类社会进步的规律，将对天性、人性的认识运用到对企业经营发展规律的探求中，懂得了商道即人道——你在多长时期内和多大范围内赢取了民心，就决定着你成功的程度。企业家在创造财富的同时，必须牢记：财富既买不来健康，买不来幸福，也买不来尊重。我们必须有自己做人、做事的底线，放弃了底线，就等于放弃了尊严。

八谢这个时代，它不但让我们赶上了3000年一遇的中国城镇化机遇期，还让我们赶上了全球经济一体化。行业经济、区域经济、国家经济及全球经济的增长，在不同程度地放大着我们企业经营业绩的价值。这也同时告诫我们，企业规模几十倍、几百倍甚或上千倍的增长，固然有我们努力拼搏、创新求变的功劳，更多的因素是分享了全球经济尤其是中国经济持续高速增长的成果。中国企业家在全球地位的提升和所享受待遇的巨大变化，是因为祖国在全球的地位提升了，没有国家在背后，即使再有本事，也难以进入另一国家的主流社会，所以妄自菲薄和妄自尊大都不可取。

九谢这个时代，它让我们不断地放大着自己的梦想，从建好一个小区，到"让河南人民都住上好房子"，再到"让河南人民都过上好生活"。我的中国梦"从一百个项目到一千个社区，从几十亿税收到河南第一纳税大户，从带动几十万人就业到直接服务上千万人"，从信念、梦想到一步步变为现实，仿佛真正到了"只有想不到，没有做不到"的历史阶段。

　　十谢这个时代，它让我从与方风雷结识合作开始，从事房地产业后结识了王石、冯仑、任志强等"业界领袖"，继而结识了陈东升、田源、柳传志、马云、宁高宁、王健林、郭广昌等一大批中国商界的翘楚们。从与这些智者的交往中，既分享了他们的智慧，也感受到了一个人对心态的控制能力之于企业生存和发展的重要性，更察悟到了自身无数个知识盲点和能力的局限性。我还从他们的成功中充分认识了"匠人""匠心""匠人精神"之于一个企业者存在的价值。成功的路上并不拥挤，因为坚持下来的人不多。只要你能经得起诱惑，受得了挫折，忍得住委屈，耐得住时间，守得住方向，则无事不成。我会坚守在中原这块古老而又充满生机的土地上，遥望着朋友们的繁花似锦，一路相伴，行稳致远。

　　最后，感谢我的家人，她们批准我专程赶来和大家欢聚一堂，一诉衷肠。感谢亚布力论坛，它让我在冰天雪地中能够享受兄弟姐妹们浓烈温暖的深情厚谊。

循道追光　感恩时代

这40年，值了

文 | 陈琦伟　亚商集团董事长
　　　　　　亚商资本创始合伙人

　　40年前，我正是刚入学的77级大学生，40年来，有幸以学生、大学老师、教授、投资家、企业家的身份经历了改革全过程。就人生经历来说，绝对值了。

　　值了，首先是个价值判断。这40年，每个有心、有志者，都深切体会到了国家变革发展的大势力量，身处大势就像泛舟顺流而下，其实我们的事业是借到了杠杆力量的，因而是事半功倍的。所以，当我提笔写这篇文章时，心中只有一个简单的心愿，就是祝愿大势依然，大环境更好，这样才能使这个民族的有心、有志之人持续努力，可以继续事半功倍，从而助力我们这个民族从精神到物质都成为"地球村"的佼佼者。

　　值了，还因为我和其他亚布力论坛的朋友们一样，在正确的时间做了正确的事。回想20世纪80年代中期，我已在美国做访问学者一年，并有望拿到全额奖学金继续攻读博士学位、获得世界银行的工作机会，但因选择回国加入当时如火如茶的改革大潮中，才因缘际会组建了亚商，并作为国内最早的投资咨询企业，扩展成本土最早的人民币PE投资专业管理企业，与一批中国的"龙头"企业和地方政府——这批中国过去20年高速发展中最有活力的群体，成为有深度合作机会的投资增值服务策略伙伴。要在正确的时间做正确的事，首要条件是保持学习之心、谦卑之心和自信之心。现实永远是最好的老师，永远在提出新的课题和新的挑战。例如，眼下方兴未艾的大数据、云计算和人工智能等新科技浪潮及企业转型升级的调整浪潮，都会为亚商这样的专业机构核心能力的塑造带来机会，非常令人着迷。

值了，是我和所有的亚商人深切感受到做企业的过程是人生价值充实升华的最佳场景。我常和同事、朋友交流，社会五颜六色、纷纭繁复，但做人、做事业最难得的是真实和真诚。这种人格价值，一定不是来自脱离现实的"高大上"口号和空话、套话。中国原来是一个一穷二白的落后农业社会，因近代史上的长期战乱和政治运动，上流阶层本已被消灭

殆尽。托邓小平公开拓改革开放大道之福，托世界大势的支持，中国有幸快速成长为一个财富强国。就像任何一个社会中，上流阶层理应是社会其他阶层的行为榜样，但在快速致富的中国，上流阶层显然还没有胜任这样的社会责任，其中最重要的一点，就是怎样以真诚和真实做到人生的成功，成为社会底层或年轻人可以仿效的榜样。以近20年的经历，我深切感到，在急功近利和浮躁的社会语境和气氛中，只有企业家阶层在做事的真实和真诚方面，是这个社会的佼佼者。原因无他，就是因为企业面对着市场竞争，从长期来说，只有付出实实在在的努力，持有真诚的态度，才会真正得到回报，实现理想。而任何弄虚作假，会或早或晚得到市场的惩罚。最近发生的"中兴事件"就是一个典型的反面教材。这种制约——规则对造假的惩罚，是一个现代文明社会对个体行为的最为有效的外在制约。所以，真正的企业家，一定也会是一个社会真正的向好的人！

有关"企业"一词的最确切定义，是一个价值创造母机，而产品、服务、人才等，都是创造价值的工具。所以，价值创造是做企业的初心，也是真谛。面向未来，亚商已经非常清楚地意识到，基于在过去的30年中服务合作过的数百家中国各行各业的"龙头"企业网络是亚商最有价值的资源，亚商的核心策略就是依托互联网科技，在这些资源中提炼出最适合亚商深化运营的大数据，结合团队的专业能力，汇聚经过加工的独特头部资源，在存量上加力发挥增量效应，助力中国企业界脊梁的转型、升级、并购和调整，创造出有坚实基础的新价值。

关于未来的一个有趣问题是，我们现在是处于大周期的哪一段？中间，底部，还是顶部？但是，对于一个国家也好，企业也好，真正的生命周期是很难用简单的周期数据的上下波动来衡量的，真正的生命周期取决于内在的活力、创造力以及运气。所以，从大处讲，中国历经持续近30年的高速增长，进入调整期本属正常。挑战在于，如果在调整期中内在的活力和创造力不能积累激发出来，那重回上升轨道的时间就会长些，甚至不排除向下走一段。但对企业来说，只要有清醒的头脑，我们这批见证、经历了中国开始腾飞、繁荣和进入调整的企业人，大概率上会把自己企业的航船调整得更好，能谱写出持续快速发展的故事。

这40年，值了

致敬时代

文 | 宋向前　加华伟业资本董事长

　　自然历史的变化塑造和改变着一代代人的外在形态和精神内核。从采集时代、农耕文明、工业革命，直至今日的信息化浪潮，人类历史上每一次重要的进阶，都离不开时代的宏大环境。

　　2018年是戊戌狗年，120年前的"百日维新"宣告失利，曲折的改良之路并不能解救当时制度愚昧的旧中国。变法失败之后，梁启超写了一首《中国少年说》："美哉，我少年中国，与天不老；壮哉，我中国少年，与国无疆。"2018年是改革开放的第40个年头，许多扎根中国的企业家们，也从石板路赤脚跑上了红地毯。梁启超呼吁的"少年中国"，终于在励精图治的百年之间成为现实，经过40年的不断探索和发展，步入不惑之年。

　　改革开放的40年里激流暗涌，改革触角引燃的创新火炬是每一位历史参与者心中的烈焰。时代之浩荡，也必然伴着精神之洗礼。党的十一届三中全会最重要的决定，就是不做任何具体的决定。40年来中国人的思想动脉不停延展，真正达到了"与国无疆"。在这其中，最让我感怀与敬佩的就是非凡的企业家精神。

沧海桑田的机遇与伟大的企业家精神，都是这曲浩瀚深远的改革乐章中的最强音。14亿国人的改革助力、5000年传统文明的厚积薄发、不断破旧立新的坦荡胸襟，这一切都赋予中国企业家独有的时代气质。与此同时，卓越的企业和企业家，在时代中萃取历练，也形成了一股不断前进的同心之力，推动着改革的进程。

曹文轩在《草房子》中说："每个时代的人都有各自时代的痛苦。年轻时拥有一种对于苦难的风度，后世才能成长为强者。"从"苦难的旧中国"变成了"你我的新时代"，这种"对于苦难的风度"，凝结成心中的一把火、身上的一股劲儿，在一代代企业家身上彰显无遗。

致敬过往：胆识并举、包容创新

改革开放之初，中国的企业家们带着期待又惶恐的情绪，走入了"破壁式冲击"的创业征程。企业家们逐渐意识到，生产不再是春耕秋收、按需所得；生活也不再是朝九晚五、柴米油盐；人生也不再是花前月下、怒马鲜衣。他们以前沿的视野切入市场，以坦荡的胸襟接纳契约精神，在创世纪的艰险路途中披荆斩棘。一个个全新的企业就此诞生，一种全新的商业文明从此启航。不完善的制度、不明晰的产权、巨大的利益诱惑，都折服于这种"敢为人先、胆识并举"的精神。

我们幸运地拥有这样一位企业家。他从1969年就带领六位

农民创办农机修理厂，是最早一批开展产权制度改革的企业家之一。他把一个小作坊发展成为中国首家上市的乡镇企业，并在改革开放的春风中站稳方向，将国家的发展韬略与企业的壮大命脉相连。或许是心中深藏着黄土地赋予的质朴与热烈，他的胆识与谋略依然渗透于"万向精神"之中。2017年10月，史诗级的企业家鲁冠球老先生离开了我们。感怀之余，我愿在此借笔，向无数自诩战士、向死而生的企业家们，深深致敬。

不可否认，这是鲁老这一代在改革中开天辟地的企业家的精神共性，也是他们得以成功的内在密码。"敢为人先"是一种冲天的气概，而"胆识并举"则是实现冲天壮志的向心力。这一向心力，来自企业家对时局的洞察和谋篇布局的能力。在广袤的中国大地上，每一缕新鲜的变化都可能催生令人着迷的新模式。经济环境、政治局势，乃至人口结构、群体观念，企业家对于此间种种都必须了然于胸，才能将此嫁接于企业，在时代的洪流中屹立不倒。

随着改革开放的逐渐深入，这一代企业家们也亲历了改革的每一个关键时期。他们再度以包容的学习心态、创新的能力品质，搭建了属于这一时期的精神支点。创业是能力，亦是精神；企业家是战马，亦是旗帜；他们是时代的创造者，亦深深印入了这个伟大时代的背景当中。

致敬当代：不忘初心，家国天下

40年浩浩荡荡，改革开放已经走入了不惑之年。世界之新，未曾变化，但企业家们依然坚守一方碧海蓝天，初衷无他，本心难忘。

改革之初，企业家们凭借胆识一马当先，并在改革的进程中以胆识并举、包容创新的精神，率领企业做大、做强。而今，他们肩上又多了重若山河的家国责任。家是最小国，国是千万家。他们承担了更多的社会责任、传播家国天下的企业价值观，这是企业家精神的全新内涵。

如今互联网潮声四起，带来了电子商务、短视频、区块链等新鲜元素，世界今非昔比。信息云端的张瑞敏们已经无冰箱可砸，腾讯的马化腾、美团的王兴、滴滴的程维等新兴创业者们审时度势，拔寨攻城。

忽如一夜春风来，千树万树梨花开。时代成为遍地英雄的秀场。有人说，第一代企业家"诸神黄昏"的谢幕已经拉开。然而他们"立足本我，追逐新变"，成为勇敢决绝的自我革命者。泰康集团布局医养、谋求新发展，茅台、格力仍能实现大蓝筹的狂飙。在一个变革的中国，年轻态始终与年龄无关，改革开放40年与5000年文明的厚重相比，也独有韵味，让人着迷。

同时，我们不可否认，企业家精神并非与生俱来，它接受时代锻造与同辈磨砺，拥有某种共性。40年巨浪滚滚，大浪淘沙中一批新时代的创业者们诞生了。他们有着类似的胆识韬略，包容创新，继承了上一代企业家的精神衣钵。

100年前的1918年，《新青年》杂志刊登了近代史上的第一篇现代白话文。以此为始，中国的青年先锋队践行了思想的自我革命。改革主力胡适、郁达夫、巴金等，正是"当年的90后"。年轻的力量正与日月光华为伴，让当时的中国处处破旧例、树新风；而今，年轻正在发酵，融入时代的企业家精神令今日的中国句句皆新声。

致敬未来：传承精神，壮志山河

作为后辈之一，躬逢盛世，生逢于时。张瑞敏先生曾经说过这么一句话："没有成功的企业，只有时代的企业。"他把海尔集团带成了一个"自以为非"的企业，把自己的成功都归因于"踏准了时代的节拍"。如今改革开放已经走过了40年，致敬时代最好的方式，就是创造一个可及的未来。

北宋张载有言："为天地立心，为生民立命，为往圣继绝学，为万世开太平。"或许"为万世开太平"尚需时日磨炼，但至少我们能够做到"为改革开放立命"，学习上一代企业家的胆识谋略、包容创新的精神，恪守他们的商业价值观与家国情怀，以梦为马，始终不弃本心。

作为投资人，肩上的责任和内心的压力一样厚重。但是我们有信心，更愿意和心怀万民、坚忍不拔、专注质朴的企业家们同行。我们笃信，时代机遇将与企业精神互联，中国红利也将从"人的生产"变成"人的消费",从"人的数量"变成"人的力量"。价值投资也是价值观的投资,敢于承担历史使命的人,才有资格参与时代竞争、创造历史。

在座的我们,将以万般荣耀,参与改革开放的下一个40年。过往的辉煌当为激励,来者的荣光将胜日月。毋庸置疑,中国即将走入更加波澜壮阔的新时代,也请允许我代表继往开来的创业者们道一声:时代狂澜,立者为先,世界正新,后辈向前!

祝福大家,祝福中国!

成长 / 素描像

这40年如同一首长篇叙事诗，浸透着汗水与泪水，交织着勇气与血气。在这个历程中，多少次站在十字路口，被茫然、争议和怀疑所包围，又用奋斗和实践破除迷雾，凛然前行。

改革初年求学之路

文|田 源 亚布力中国企业家论坛创始人、主席
元明资本创始合伙人

　　我曾经是"文化大革命"后期进入武汉大学的工农兵学员，1975年8月，从温暖和煦的春城昆明来到湖北襄阳隆中的武大分校，令人难忘的大学生涯由此开始。隆中这个地方人杰地灵，三国时代刘备为邀请诸葛亮加盟的"三顾茅庐"故事就出自这里，而诸葛亮那篇脍炙人口的评点天下英雄的传世之作《隆中对》更是让这个胜地之名不胫而走，誉满天下。"文化大革命"期间，考虑到战备的需要，为了防止苏联对中国突然袭击造成巨大损失，中国政府全面启动了"三线"工程，把一些重要的战略性工业企业从城市搬进大山，也把一些战略性教育资源疏散到小城市。武汉大学按照上级要求选择将经济学与哲学两个重要的文科系搬到隆中这个古代名人聚集的地方，创建了武汉大学襄阳分校，直到1976年"文化大革命"结束之后，我们两系师生才重新迁回武汉珞珈山回归总校之列。我有幸在隆中这个地方开始大学生涯，师从早年从哈佛、耶鲁、康

奈尔大学回国执教的经济学大师，与一批充满睿智的武大老师结下了终生的友谊。我后来的硕士研究生导师李裕宜教授即是其中的一位，他给我的关心爱护和言传身教，影响了我的一生。

良师的鼓励树立信心

与许多今天通过考试进入大学的学子不同，由于"文化大革命"的原因，我初中毕业没有机会升入高中，16岁就离开城市到农场，开荒种地，打井盖房，开始了自食其力的知识青年生涯。在经过多年劳动锻炼和社会生活历练之后，被推荐进入武汉大学经济系学习。在那个年代，学习深奥的经济学原著，对我犹如攀登一座陡峭的高山，由于过去的文化基础太

差，学习中困难重重，压力极大。记得有位从昆明军区来的纳西族同学，由于根本无法读懂深奥的经济学原著，学习压力太大，久而久之，竟然得了精神分裂症。至今我还记得亲自送他去精神病院的情景，后来他实在无法学习下去，只好退学、退伍回家。当时，由于进大学没有统一的入学考试，一起学习的同学们水平差别很大，有的高中毕业，有的小学都没有毕业，学习同样的课程，每个人的感受差别自然是天上地下。我当时的文化及综合知识底子也非常薄，学习中的心理压力也是非常大的，许多经济学原著深奥难懂，往往读几遍还不得要领。记得第一次参加学习讨论会时，我甚至都不知道如何有条理地发言，不知道什么叫论点和论据，更不知道如何有理有据地表达自己的观点，经常感到与那些年纪偏大、富有社会经验的同学差距很大。所幸的是，由于多年知青生活经历的锻炼，我懂得珍惜难得的大学学习机会，坚定地抱着从头再来的信念。我默默地按照老师的要求精读经典著作，认真听各科老师的每一次讲课，做好每次布置的作业，应对每次或大或小的测验与考试，在课余时间如饥似渴地博览群书，一步一步地从似懂非懂的朦胧中走出来，逐步培养了伴随终生的自我学习能力和认知现实经济的知识系统。

记得在大学二年级下学期，我们75级学员开始到工厂进行社会实践活动，我们二班三组被分配到宜城东方化工厂，大家边劳动、边考察，了解了许多生产第一线的社会知识，在此基础上，我第一次执笔撰写了一份关于建立工业生产责任制的考察报告。在这份报告里，我使用自己学习的经济学知识，分析了这家"三线"化工厂的管理体制，总结了该企业在建立责任制方面的经验。这份普通的学习实践报告是我的"处女作"。这次实习完成之后，每位同学都将自己的报告作为学习成果交给老师。让我没有想到的是，当时的系主任李裕宜老师居然看了我的这份报告，我的一位同班同学告诉我，他听到李主任称赞我的报告是这次实践活动中最好的一份调研报告。听到这个评价，我感到非常地意外和高兴，一扫入学以来我心中的雾霾，大大树立了我在学习方面的自信心，我在这个时候才确切地感受到自己有机会成为一名合格的大学生。

以爱才之心指点方向

1978年五六月间，我们75级学生即将毕业，大家开始盘算毕业后的工作与生活。正在这个时候，"文化大革命"后的首届研究生招生工作开始了。这个消息虽然在我们这一届学生中传开，但是对我几乎没有产生任何的影响，我甚至没有打算报考研究生。因为事情明摆着，这是"文化大革命"结束恢复高考之后首次招考研究生，也许是大学招生史上最难的一次研究生入学考试。按照当时的招生规定，这一次是十届大学毕业生全国联考，也就是说，"文化大革命"前上学的五届大学生与"文化大革命"中毕业的五届大学生将要激烈竞争有限的招生名额。这对于我这种没上过高中、"文化大革命"中入校的"工农兵大学生"来说，由于三年学习积累的知识基础太薄，考试胜算的概率是很低的。在那个年头，本来大学毕业生就不多，硕士研究生有着高、大、上的形象，几乎就是"高级研究专家"的别称。因此，我一开始完全没有考虑报考研究生这件事，准备毕业后返回原单位工作。

记得当时经济系召开了一次研究生招生动员大会，全系师生在一个大教室里听取系主任的招考研究生动员报告，报告人就是李裕宜老师。他全面地介绍了国家设立研究生制度的必要性，这种制度着眼于培养高级人才，对于未来经济学教育和宏观经济管理都具有重要的意义，他热情地鼓励全系年轻教师和应届毕业生报名参加考试。在完成了激动人心的动员报告之后，他从讲台上走下来，就坐在我前边的第一排。刚刚坐下，他就扭过头来问我："田源，你准备报考研究生吗？"我回答说："没有，我这点水平是考不上的。"他非常认真且肯定地说："你应该报考，你有这个能力，再说，考不上也不损失什么，为什么不试试呢？"李老师的这番话，说得入情入理，让我很受触动。这次动员会之后，我给未婚妻打电话，告知了李老师的评价与建议，她告诉我，她也要报考研究生，希望我按照李老师的建议立即开始复习准备。就这样，既有李老师的鼓励，又有未婚妻的督促，点燃了我内心的激情，我马上确定了报考研究生的目标。记得那是一个炎热的夏天，武汉三镇骄阳似火，我每天挥汗如雨地在宿舍、资料室、图书馆里复习功课，不仅把三年来学习的功课全部复习一遍，而且还看了很多以前没有认真读过的经济学文献。功夫不负有心人，我最后顺利通过了研究生考试的笔试与面试，专业课居然还考了第一名！我幸运地被武汉大学经济系录取。

终生的良师益友

我考上研究生之后，开始了系统的知识深造过程。我们在大学里赶上了党的十一届三中全会之后那个激动人心的思想解放大时代。经历了"文化大革命"动乱以后，人人都知道不

能再搞那种人整人的阶级斗争了，整个国家开始认真反思和寻找新的方向，像我们这样的年轻人，对于思想、信仰、理念这些重大问题，第一次面临真正的选择。1978年，那场思想解放运动从北京开始，逐步影响全国。那是一个举国上下争论"真理标准"的年代，也是一个思想极度活跃、争论不断的年代。我们一边学习一边参加各种新思想、新观点的讲座。记得我非常尊敬的董辅礽老师（后来我成为他的第一个博士生）在武汉大学曾做过一场关于所有制改革问题的讲座，他分析了传统国家所有制的弊端，大胆提出了"政企分开"与"政社分开"的改革建议。虽然很多年过去了，但是我依然记得当时董老师的演讲犹如石破天惊，令我醍醐灌顶。这次讲座之后，研究生同学们经常在教室、宿舍里争论各种理论性问题，诸如实践标准、商品经济、国家所有制改革乃至苏联、东欧的改革道路等问题。在所有这些重大问题上，人们开始分属不同的思想流派，有的激进改革，有的因循守旧，每一个思想观点尚未确定的年轻人都面临着不同的选择——你到底信什么？

非常庆幸的是，在研究生开学不久，李裕宜老师成为我的论文指导老师，我因此开始有机会经常到李老师家请教问题。我记得在这个时期，李老师在思想上坚定地站在支持经济体制改革这一边，他的学术思想深深地影响着我，他对于社会主义商品经济理论的深刻理解和不断的再认识帮助我迅速扩展了当时关于经济改革必要性的认识。我经常在他家里与他一起探讨苏东社会主义国家经济改革的历史经验与教训，也常常探讨中国传统计划经济体制的种种弊端，大胆提出关于经济改革的各种观点。在我师从李老师的三年间，我在思想上深深地受到他的改革思想的影响与熏陶。记得有一次，李老师从深圳经济特区考察回来，把我叫到他的家里，非常兴奋地告诉我他在那里看到的各种创新性事物，讲到高兴之处，几乎是绘声绘色，使我如临其境，这些都更进一步增强了我对从事中国经济改革理论研究的信心。在他的教育和影响下，我从研究生时代开始，就在思想上成为一个具有坚定改革意识和信仰的知识分子，在他的指导下写成的研究生毕业论文也贯穿了改革的思维，虽然不够全面和深刻，但是从那时起，我已经开始系统性地思考中国经济改革过程中的一些重大问题，并且致力于经济改革方面的经济学学术研究。毕业以后，我的学术研究成果日益增多，并开始不断地发表在《经济研究》《中国社会科学》等知名的全国性学术刊物上。

正是在李老师的言传身教之下，我加入了党的十一届三中全会开启的改革大潮，不仅在思想上逐步成熟，坚定地信仰改革是中国发展的必由之路，而且开始关注经济体制改革过程中所面临的各种现实问题与挑战。我运用经济学原理与研究方法，开始对这些问题进行深入的研究，那个时候，我几乎读遍了各种有关改革的经济学著作和有影响力的论文。后来，我有机会转到国家经济改革的决策研究部门工作，并且发挥过重要的作用，其实是源于李裕宜老师在我攻读研究生期间的言传身教，是他的渊博知识与先进的改革观，对我的世界观和理性思维能力产生了重大的影响。

李裕宜老师在我研究生毕业之后还一直关心着我的发展和进步，我们的师生友谊是非常深厚的。我曾多次到他家中看望他，知道他一直以我为骄傲。无论在大学当教师，还是在中央政府做研究，或在企业做管理，我都一直不断地学习和努力，去成就新的事业，希望不辜负他对我的期望。

"折腾"的40年

文|武克钢　香港通恒集团有限公司董事长

云南红酒业有限公司董事长

1978年召开的党的十一届三中全会，吹响了中国改革开放的号角。25岁的我，刚刚在"科学的春天中国第一届科技大会"上获得交通部唯一的项目二等奖，我那时意气风发，一心想在科学领域有所建树。命运在这时出现拐点，我接到交通部派遣到中国一个出口加工区——蛇口工业区组建通信工程的任务，奔赴深圳开始了我新的人生旅程。

从此我与深圳蛇口结下了机缘，改革开放的第一朵浪花从这里卷起。封闭30年的中国将在南疆的一个渔村、一片荒滩拉开改革开放的序幕，从这里引进了新中国第一批海内外商人，从全国涌来大批打工仔、打工妹和创业者。在蛇口的土地上，我有幸聆听到改革开放的总设计师邓小平在南海划圈时发出的时代强音："发展才是硬道理""贫穷不是社会主义"的激昂呼唤。我有幸在中国改革开放的最前沿，在中国改革的先锋人物袁庚、梁湘、熊秉权等人的直接领导下工作了10年。

　　我也有幸聆听了胡耀邦、叶剑英、李先念、习仲勋等一大批中央领导关于改革开放发展经济、创建特区、走向世界的谈话。与此同时，我也深深感受到"租界的来历""姓社还是姓资""辛辛苦苦30年一朝回到解放前"的反对改革开放的阵阵寒意，我也多次顶着巨大压力坚持在改革开放第一线工作。

　　在蛇口的10年间，我从一名普通的技术人员成长为行政管理干部，34岁的我已担任蛇口区的副区长，中央党校高级班的学员，亲身经历和见证着蛇口的巨变：改革开放后的第一家中外合资企业、第一家劳务承包公司、第一家工程承包公司、第一家外资加工企业、第一家股份制银行、第一家股份制保险公司、第一家保安公司、第一家旅游公司、第一批商品房、第一家超市……无数的第一，见证了改革开放者的勇敢开拓和巨大成果，深圳蛇口初成了中国改革开放的热土和窗口。

　　1988年，命运又一次给我带来了新的转折。作为中组部首批公派青年干部，怀着向西方学习的热诚，我前往美国开始了我的海外求学之旅。当时中美之间的巨大差距，使我们这批公派干部都有着努力学习、提高自身，尽早学成报效祖国的强烈愿望。国家共和、权力制衡、产权保护、公民意识等这些人类文明的先进观念和社会管理的模式熏陶着我们，"中国呼唤工商文明"就是我的学业成果。

1992年那个奇妙的春天，我第一次回国探亲，在蛇口赶上了邓小平同志的第二次南方视察。邓小平同志的南方谈话极大地激励了我们这一批怀抱报效祖国愿望的学子，我们决然再回国"折腾"，不回官场下商场是我人生的重大抉择。被称作"92派"的我们下海南，走北海，组公司，创产业，开始了人生商海的折腾。终究在改革开放的浪潮中，捞到了人生的"第一桶金"，寻找到人生的事业感。虽然也久经磨难，备受苦楚，但二十多年的坚持终究小有成就，我至今以此为幸，以此为荣。

1997年香港回归，一次偶然的机缘让我走进了中国西部边远的贫困山区，带着对西部开发的那份激情开始在云南的干热河谷弥勒开始了我的葡萄酒产业的开拓发展，凭借着在蛇口工作的改革开放经验，借助国外学习的眼界和管理，以"借一块宝地、兴一大产业、创一个品牌、富一方百姓"为宗旨，带领着上万农户开辟了云南高原葡萄产业园区，改写了云南只出好烟不出好酒的历史，一改当地贫困农村的面貌。如今的弥勒已是远近闻名的"葡萄之乡"，美酒飘香，风景怡人，酒庄旅游发展又再一次赶上中国改革开放带来的机遇，收获了成果。

回望改革开放40年的历程，中国的经济、政治、社会、文化、政治、生态文明建设变革之深、变化之大、影响之广，都前所未有，成就举世瞩目。我们这辈人真是赶上了好时

代，也为时代进步做出了努力。

我一生参与和组建过许多社团组织，但有三个社会组织给我的人生添加了极大的精彩。

第一个是"中国孙冶方经济科学基金会"。由于家族的渊源使我有机会参与到由杨尚昆、薄一波、谷牧等55位老一辈发起成立的，这是新中国第一个以人名命名的基金会。40年来，该基金会向一大批青年经济工作者和学者颁了奖，其中包括李克强、周小川、吴晓林、楼继伟等一大批在改革开放中涌现出的优秀经济社会管理者，在中国的经济管理学领域不断激励新的经济思想激荡，为国家的改革开放出谋划策。我曾和诺贝尔经济学委员会的人开玩笑说，你们是谁成功了给谁发奖，而我们是谁会成功给谁发奖。

第二个是"阿拉善SEE企业家环保协会"。在先哲刘晓光的倡导下，中国一批有情怀、有社会责任感的企业家集体开创了中国企业界投身环保的有益尝试。10余年来，我们进荒漠、入森林、攀高山、涉河滩，与环保专家、科学家一道在这片已被人类蹂躏得千疮百孔的大地上开始了环保公益事业，使我和我的家庭都以极大的热情投身于这件利国利民、利于社会的事业中，甚至改变着我们的生活方式。

第三个就是"亚布力中国企业家论坛"。这里是我们企业家的精神家园，感谢陈东升，感谢田源，将中国最优秀的一群企业家聚集在东北的雪窝子里，给我们带来理念上的创新、思想上的激荡、企业建设管理上的提高、人生境界的升华、企业家之间友情的温暖。我为在这里结识中国最睿智的企业家而深感荣幸。

回顾人生，花甲已过，人生不过一首打油诗："插过队下过乡，当过兵扛过枪；当过水手炼过钢，搞过科研得过奖；年轻仕途当区长，漂洋留学学业忙；九二"下海"投商场，西南边疆建酒庄。"感恩改革的伟大时代，感恩开放的历史机遇，"折腾"了40年，我的人生很精彩。

创业让人生更精彩

文|汪潮涌 信中利资本集团创始人、董事长

回首历史，距离1978年那个伟大的时刻，已经整整40年了。让我们回望那一刻，当那个改变历史的中国改革开放政策颁布，那只伟大的手按动了历史发展的按键，宏伟的巨幕徐徐拉开，时光之尘在光芒里升腾，时间的齿轮吱呀作响，继而那辆叫作经济建设的快车仿佛装上了全新的发动机，轰隆隆地开动，越来越近，越来越快，车辙的印记勾勒出中国经济行进的步伐。

改革开放改变了中国，也改变了世界，书写整个人类历史的笔握在了我们手里。这40年如同一首长篇叙事诗，浸透着汗水与泪水，交织着勇气与血气。在这个历程中，多少次站在十字路口，被茫然、争议和怀疑所包围，又用奋斗和实践破除迷雾，凛然前行。

这40年的改革开放改变了中国的历史进程，使我们从贫穷到富有再变得强大，使我们成为世界第二大经济体，成为世界经济的发动机，使我们成就了人类历史上罕见的经济建设

奇迹。

这40年的改革开放也改变了我们个人的命运。我入行30多年了，可以说我个人的创业奋斗历程也见证了改革开放的大部分轨迹。1978年的我身在离南昌300多公里的大别山深处，一个叫湖北省黄冈市蕲春县张镇瓢铺村的地方。我在农村待了11年，我的童年就是在大别山度过的。我特别不喜欢南方的冬天，因为我没有手套、没有棉鞋，大家都冻得手上生冻疮，脚上裂口子，这就是我的童年。

1978年改革开放了，邓小平及老一代国家领导人恢复了高考，我的两个亲生哥哥和姐姐在不同的地方插队，他们都考上了大学。我的亲生父母说："你现在可以回到我们身边，因为我们平反了。你第一件要做的事就是赶紧补课，在农村受的教育太欠缺了。"所以我花了两年时间补课。1978年全县统一中考，我考了全县第二名。

两年以后我参加了高考，15岁的我考上了华中科技大学（当时叫"华中工学院"）的管理专业。为什么选择华中科技

大学的管理专业？因为那时候"四个现代化"非常需要管理人才。四年后我毕业了，当时面临分配，学校说："因为我们学校里大城市的学生太多，所以毕业分配，你是不能留在省城的，更不能去北京。"所以我就立志考研究生，1984年我考到清华大学，成为清华大学经济管理学院创院的第一届研究生，一年以后，我又成了第一批赴美留学学习金融的大陆留学生。这是我人生的第一个转折点。

改变我人生的第二个转折点，是巴菲特先生对我说的一席话，正是这些话让我从一个华尔街的职业经理人变成了一个创业型的企业家，或者说投资家。20世纪90年代，我在担任摩根史丹利中国区首席代表的时候，有幸与巴菲特和比尔·盖茨一起吃了一顿饭，这顿饭给了我创业的冲动和想法，使我决心创办信中利，支持当时的海归创业者们。

1999年，我创立信中利，作为当时海归创办的第一家创投公司，我们得到了中关村管委会和国家发改委高新技术司的大力支持。我们第一批投资的是两位海归创业企业家：一个是"搜狐"的创始人张朝阳，另一个是"百度"的创始人李彦宏。我当时创业的初衷就是要为第一批海归创业者提供风投，这第一批投资让我们共同见证了中国互联网浪潮的兴起。

后来我在海外跟老外募资，向当时硅谷最大的互联网证券公司老板讲中国创投的机会，希望他能够投资我们的基金。还跟瑞士、欧洲家族办公室的一批人讲中国的创投机会，最后拿到了瑞士家族的第一笔风险投资。从1999年年底、2000年年初到2002年，我们把这笔钱陆续投了出去。

近20年，我们累计投资了230多家企业，退出60多家，最终还剩下160多家企业。

　　12年前，我组建了第一支中国帆船队参加"美洲杯"帆船赛，当时组委会要求中国帆船队必须按照全球的标准使用复合材料建造帆船。设计上，我们用的是宇航中心的风动实验、游艇运行实验的团队数据。但是材料怎么办？当时必须要在中国做，我们就让我们的外籍队员一公斤、一公斤地从欧洲往中国背，最后在东莞一个合资船厂做成了我们的船体，然后参加了"美洲杯"帆船赛。我非常荣幸地在拥有165年历史的"美洲杯"帆船赛上组建了第一支中国帆船队。同时，我也非常愿意和大家分享滑雪、高尔夫、赛车等不同的生活侧面。因为只有你的生活丰富多彩，你的精神支持力才能够伴随着你一直坚持和拼搏。2019年是我创业的第20年，未来我还将和团队一起坚持下去。而支持我们精神的力量一方面是生活必须丰富多彩，另一方面就是常怀奉献、感恩之心。

　　作为企业家，用创业的成果回馈社会，回馈那些帮助过你的人，支持那些需要你帮助的人，这样的人生才精彩。

　　中国的改革开放，为创业者提供了制度支持。设立经济特区，设立自由港，引进外资和技术，让一部分人先富起来。站在一个"老"创业者的角度，我们做企业的人又何尝不是借了变革的东风、抓住了历史的机遇呢？创业这些年，我最重要的感悟就是赶上了改革开放以后、国家为创业者投资家提供的创业环境，赶上了这个难得一遇的可以展现个人价值与追逐梦想的大时代。

我本人从事金融业30多年，这30年间，我见证了华尔街和中国的发展，见证了金融、创投的风云变幻，沧海桑田。我创建的信中利也历经近20年的漫长时间奠定了行业地位和影响力。作为资本的提供方，我们更重要的是帮助我们的企业家们完成他们的创业梦想，我们是幕后的创业者，默默地去扶持他们，和他们一起创造中国新经济的辉煌。我们不但是创业者，更是造梦者，希望成就更多创业者、企业家的梦想，更希望见证中国梦的实现。

与我同期的第一批海归企业家，现在已经成为中国经济建设的一支不可或缺的力量。如今，新一代的企业家崭露头角，80后、85后、90后乃至95后的创业者已经走上了前台。他们面对的是双重革新：一方面是人工智能、生物技术为代表的新兴技术革命，一方面是国家的全面深化改革与产业升级。他们也要面临双重考验：一是对专业性、对科技、对产业的认知与摸索，二是在生活方式和生产方式都开始发生巨变的大环境下如何构想可行的企业战略与商业模式，构筑行业壁垒。

作为中国最早从事创投的个人，我非常希望看到在这个时代中涌现出更多具备专业知识与企业家精神的创业者。作为投资人，我也非常希望能够为创业者们提供助推力，能够长久地扶持企业成长。中华民族的伟大复兴，给我们带来的不仅仅是和平、安居乐业的环境、国际的影响力，更重要的是给我们企业家、给我们投资人创造了一个巨大的、创造财富、回报社会、实现中国梦的道路。所以我希望和所有投资人、企业家携手，为中国的经济发展、为回报社会做出更大的贡献。

此刻，站在崭新的2018年，回望历史，内心不只是感慨，还有迎向未来的无穷无尽的勇气。时间证明了改革开放的必要性和价值，未来，全新的变革将是响彻新时代的声音。时代之潮永远奔流向前，不变的是我们的本心，坚持价值投资，坚持家国情怀。时代赋予我们的历史使命，就是用永无止境的创新与奋斗来推动未来更加波澜壮阔的改革。我们将继续怀着热情与坚定的信念，在滚滚向前的历史洪流中创造新的奇迹。

我们都是自己的宝石

文｜阎　志　卓尔控股有限公司董事长

2018年是中国改革开放40周年。亚布力论坛有个环节，要我回顾过去40年的心路历程。我2018年46岁，6岁记事，这40年刚好贯穿了我迄今全部的成长和生活历程。

我出生在大别山区的一个小镇上。父亲是个基层干部，做林业工作。母亲是名手工业者，用缝纫机绣花。我上面有5个姐姐。就是这样一个中国普通山区小镇、一个最普通的家庭，给了我全部的温暖和美好。现在闭上眼睛，任何时候我都能记起少年时，小镇上的一草一木，甚至上学途中踢过的一块石子；跳起来要拍打的树叶；也记得父亲办公桌上有本书，名叫《三中全会以来重要文献选编》。

现在想来，因为家里孩子多，其实少年时家里很困难。印象中，每到年底父亲都要在单位借点钱过年。后来，家里可以养猪，再后来家里在院子里种了些板栗苗，生活才真正有些宽裕了。小镇上人不多，关系简单而熟络，好像每个人都熟识。

20世纪80年代就是这样，生活刚刚开始，总有改变，总有希望，总让人温暖。

前两年，我乘坐高铁经过大别山区，还写了一首诗《列车》。

这东去的列车上

乡村转瞬即逝

外出收割的父亲还来不及告别

高速飞奔吧

看得见城市了

隐隐约约

又有些隐隐作痛

一闪而过的丛林

无法端详的远山

穿越隧道后

看见儿时的我

奔跑在列车之后

欢叫着

一点心事也没有地欢叫着

这首诗收录在2016年我出版的诗集《少年辞》里。是的，我终究是个小镇少年，真希望自己永远是个小镇少年。

到了初中，我喜欢上了阅读。但我最爱读的还是金庸的小说，在初二时和几个伙伴还骑自行车到县城，只为买一本《倚天屠龙记》。后来开始写诗了，记得是因为高一失恋了，写了首长诗《秋天的恋歌》，这是我的第一首诗，可惜现

在找不到了。后来，我成了学校文学社社长，17岁时在县报上发表了我的处女作，18岁时出版了第一本诗集《风铃》。

我就这样成了一名文学青年。这之后我做了地方志编辑、文学刊物编辑、报社记者，但只做文学梦，只想成为一名大诗人，只想开个书店。

但是，20世纪90年代的中国正在经历真正的转型。诗无人问津，诗人是买不起房子的，若在一个城市没有房子，是很难找到女朋友的。"下海"成为20世纪90年代出现频次最高的词汇之一。印象中，我在报社做财经记者和编辑时，编发过关于嘉德拍卖、复星科技、"互联网高速公路开始了"之类的稿子，但我仍只是个诗人、记者，身无分文。

为了生活，我在1996年为书商写了一本名为《天若有情——天王之王刘德华》的书，拿了25000元稿费。还清了借款、买了手机、租了房子后，我开了家自己业务最熟悉的公司——广告公司。这时我24岁。记得当时我就是拿着一本好像叫作《公司法解读》的书研究怎么开公司的。

20世纪末21世纪之初，是一个充满热血的年代，但也是一个不断蜕变和重生的年代。

一人公司、几人公司比比皆是，一大批起来，又一大批倒下，再又有一大批出现……在时代大潮中，坚持初心做下来、做大、做成了的专业公司太少，更多的是像我这样不断改变、不断调整、适应，只看到今年、看不到明年的奋斗者。

卓尔广告公司开了两年，就成了当时湖北省最大的广告公司，我也是中国最早的软文创造者和主要写作者。但广告行业至少在当时还是处于求了甲方还要求乙方的年代，好不容易通过为一批家电品牌写宣传稿积累了客户，还要求媒体给你好位置、好价格。好不容易把一个白酒品牌从几千万做到几个亿的销售规模，转眼他就不给你做了，把单子给了美女。如此毫无尊严，于是我决定去做实业。一番摸爬滚打，先后做了酒厂、学校和药厂，但从当时坚持到现在的只有纺织。

纺织不怎么赚钱，就做地产。地产没有大资本，就做产业地产、园区地产。上市后地产业估值低，我们就拥抱互联网，做智能交易平台。今天提笔至此，仿佛看到一个20多岁的年轻人在深山中寻觅，忽而到达开阔之地，一片光芒；忽而迷失在丛林之中，无所适从；忽而站上山顶，以为是高峰，环顾四周，高峰林立，才发现自己只是站在一个山丘上。

也仿佛看到一个有追求、有理想的清秀文学青年，被时代、被生意改变成了一个秃顶、挺个大肚子、油腻腻的中年创业者。2016年，给我颁发"十大经济年度人物"时，主持人读过一首我写的诗《宝石》。

宝石是不需要安慰的

寒冬渐远

凌乱的枝叶深入泥土之中

依然湿冷的念头

被临近的某个已渐渐平息的灵魂

侵扰

后来成为岩石

坚硬的骨头都消失无踪

干燥得就如初秋的平原

辽阔而又无所作为

最后是仅剩的一点点气息

渗进了岩石的心中

刚好有一滴海水经过

把彻底安静的潮汐

和时明时暗的月光

也留下来

在泥土之中

岩层之中

把一个灵魂

变硬

变得虚无

变得不需要安慰

没有人能轻轻松松成功，没有人不曾茫然无措，没有

人不曾惶惑不堪，好在我们都是父母的宝石，都是自己的宝石。

2017年下半年，中国进入了新时代，2018年是改革开放40周年。我也为自己和团队勾画了蓝图，不惑也过了六年，想做点儿方向明确的事，让自己快乐、也让别人快乐的事。

一是智联天下生意，搭建消费品、农产品、大宗商品B2B交易平台，通过互联网、物联网、人工智能等手段连接交易和贸易，提供物业、物流、供应链管理、金融等服务，构筑新生意方式，提升交易效率、降低交易成本。

二是智造美好生活，把我们已有的棉纺产业、飞机制造、文化旅游、金融服务等产业做精、做优，构筑人们新的生活方式，满足人们对美好生活的向往。

"智联天下生意，智造美好生活"这句话，把我们在做的和想做的基本都说清楚了。而连接这两句话的正是卓尔的价值观。无论是当时做广告，还是现在做银行、做飞机、做交易平台、做文旅项目，我们都想为、应该为客户创造价值。

时间最厉害，历史将收割一切。2017年10月，我回到小镇，在遵母亲意愿复建的一座庙宇里，写了一首诗《风过耳》。

我要在故乡的
群山之中
修一座小庙
暮鼓晨钟
与过去再也不相见
原谅了别人
也原谅了自己

佛经是很难读懂了
大多数的功课
只是为孩子们和
所有善良的人祈福
闲时
看一株草随风摇曳或者
倔强地生长

有风经过时
檐下的风铃肯定会响起
才记起看看
山那边的故乡
依然会让我怦然心动

那就再多诵几遍经吧

直至风停下来

　　重要的是，还有风，还有记挂，还有执念。站在改革开
放40年的门槛上，我们似乎看得更清楚点，也可以更从容点。

"下海" 30 年

文|钟　玉　康得投资集团有限公司董事长

　　每个人对"企业家精神"都会有不同角度的解读、理解和心得。我的个人体会浓缩起来是两个字——坚持。2018年恰恰是我从事制造业的第50年。这期间，我当了四年兵，1988年又从国企领导岗位辞职去中关村创业。而今，康得作为当年中关村创业潮的幸存者，已经坚持了30年。

　　公司从筹备到现在，我们坚持做了一件事情，就是高分子材料，目前在很多领域已成为全球领军企业。能够一路坚持走下来，我觉得主要有五个重要的要素。

　　第一，境界与使命。境界与使命是根本，决定了一个企业能走多远、做多大。30年前，我38岁，刚刚被提拔为正局级的厂长。那时候中关村鼓励科技人员办企业，我就毅然决然地辞职"下海"了。我这一生，一不图钱，二不图利，就想为民族振兴做点事。这应该是生在新中国、长在红旗下的一代人心中共同的理想。中华民族曾几何时鼎立于世界，但近百年来衰落，被列强所凌辱。21世纪，中华民族复兴的时代到了。中华

民族的复兴靠经济，而经济的发展靠机制，所以我想去中关村创建新兴企业和新机制——一种机制能够充分调动我们的想象力和创造力。恰恰是这个追求和使命，使康得人为此奋斗了30年。

康得强调高层领导要有境界和追求，基层干部员工要有干成事的激情。2014年，我陪同总理出国访问，非常荣幸地出席了德国总理默克尔的私人午宴，在午宴上我汇报了康得新碳纤维方面的发展情况。我曾经跟碳纤维团队说过："你们是民族的英雄。碳纤维直接关系到我们国家航空事业的发展，40年来没人突破，希望就在你们身上。"2016年7月26日，我们一举实现了中国40年的跨越，实现了T700、T800、T900、T1000、T1100的规模量产，单线全球规模最大。中国碳纤维行业受尽国外凌辱的时代一去不复返，中国碳纤维行业从此站起来了。康得人恰恰是在这种境界和使命下不停地去追求、去奋斗、去追梦，所以我想，坚持的根本是这份境界。

第二，责任和担当。创业之初我们做的是电动车，刚开始销量非常好，结果到了1989年，经济萧条，从一个月销售两百多辆直线下降。当初凑的3万块钱加上贷款的50万元，到1989年年底的时候全都赔完了。1990年我们的春节聚餐会气氛非常沉闷。因为没有钱，30多个人有人拿条鱼，有人拿只鸡，凑上凉菜和啤酒就算聚餐了。这时候，不知道谁带头哭了出来，于是全场就哭成一片。我急了，抄起一瓶酒说："大家看看，哪个企业的干部员工可以为企业前景担忧而落泪呢？康得永远没有倒闭那一天，康得大厦总有一天会出现在中国的大地上。"说完，我拿起酒来就干了。10年以后，这个承诺实现了，康得大厦在北京落成，成为康得第一次成功创业的标志。

预涂膜是康得实现的第一个重要产品。1998年，我们与当时全球最大的预涂膜生产商美国GBC公司签订了合资协定，共同开发中国市场。三年过去后，当康得为此投入了1500万元资金之后，GBC不但没有投资，反而还撕毁了合作协议，宣布将生产线设在韩国。在长城饭店最后谈判的时候，我沮丧、气愤，百感交集，那是我们康得走向高科技产业材料企业的希望。出了电梯，我对时任康得集团预涂膜事业部总经理说的第一句话就是："我们一定要用自己的双手，去建立中国的第一条预涂膜生产线，建成之时，我要请这位GBC的总裁过来看看！"

从此，我们卧薪尝胆，预涂膜产品从2004年投产到2010年上市，一举成为全球的行业领导者。现在，康得在全球预涂膜领域品种最全、质量最好，并且拥有全球定价权。

企业家是推动社会发展最重要的推动力，他们承担着巨大的责任和压力。其实2003年，我们面临了很大的困难，银行把集团20%的贷款停掉了，我不得不把康得新产业规模化。有一次，我站在康得大楼顶层向下看，突然特别理解那些自杀的企业家，他们也是英雄，他们为社会生产力做出了贡献，是值得尊敬的，但是我不主张那么做。我当时在楼上想：跳下去，也就什么都不用管了，但是还得扛住，这份责任和担当需要我去坚持。

第三，归零心态和创新。康得30年一个很重要的因素是归零心态：不管昨天你有多厉害、多成功，从今天开始归零。因为技术在千变万化，市场商业模式也是日新月异，任何形式的故步自封都意味着灭亡。康得每年的新产品替代率达到60%。2017年，康德非常荣幸地被评为"全球最具创新力的百强企业"第47名，是上榜企业中唯一一家材料公司。这是对康得的肯定，也体现出中国企业从"中国制造"开始走向"中国创造"。

第四，胸怀和关爱。我们一直强调集体意识和大家庭文化，强调员工跟企业的共创和共享。康得有1/3以上的员工

持股，每年年终总结时都有一个表彰项目，叫"平凡人平凡事"，2017年表彰的是公司清洁人员。我们强调尊重，企业没有等级，只有分工和责任。我们对每一个人的尊重、关爱，创造了康得大家庭的文化。

第五，还是坚持。有人问我，"下海"30年最重要的经验是什么？我说是"难得实在，难得精明"。难得实在，讲究做人之实在、诚信，对合作伙伴、员工诚信；难得精明是指做生意要精明，要有正确的经营理念，坚持做自己熟悉的产业。

2018年，国际国内的整体经济环境更加严峻，中国民营企业的发展不是短跑，更不是长跑，而是在沙漠里头的跋涉，是看谁能坚持走向绿洲。希望所有的企业家能够共同坚持，走向绿洲！

环保公益，我的精神归宿

文｜艾路明　武汉当代科技产业集团股份有限公司董事长

　　时间匆匆，转眼40年。40年能改变什么？让一个黑发小伙变成白发老头。

　　40年的改革开放，则催生、锻炼和造就了中国新时代的企业家群体，也孕育了中国企业家精神，让企业家精神从无到有，从特殊到一般。不论企业家精神的初心、内核是什么，我认为，它最终的归宿应该是公益——有关社会公众的福祉和利益，比如环保。

　　我想和大家分享几个我自己的故事。

　　年轻求学时，我干了一件事，漂流长江。1981年，我从武汉游泳到上海，花了17天；1986年，又从长江正源沱沱河单人单艇漂流到了武汉，历时2个月。现在回想，恍惚觉得，冥冥之中，我对自然所特有的亲近和情愫，对人与自然关系的思考和体悟，可能早在当时就已悄然埋下了伏笔。有人喜欢将这类行动称为"征服自然"，但是，在我看来，人是不可能征服自然的。漂游的生死历险让我领悟到的并不是征服，而是对自然的敬畏。

我现在仍然十分怀念在武大读书的日子。在珞珈山，能够自由地读书、独立地思考、深入地论辩，诸如发起多学科讨论会、上各位老先生的课等，这些都是美好的事情。校园里自由、包容、开放的氛围，潜移默化地影响着我们，无形中传承给我们珞珈学子一种胸襟，这份胸襟也在我内心播下了公益的种子。

我是1988年研究生毕业就和六个研究生同学"下海"创业的。1994年，武汉市洪山区政府召集辖区内效益比较好的一些企业开会，希望每家企业定点捐款帮扶一个贫困村。当时我觉得这是一件义不容辞的事情，但仅依靠捐款做扶贫并不是长久之计，那些钱可能用不到合适的地方。所以，我找到区政府领导，提出我与其捐款搞扶贫，还不如直接去做个村主任，这样可能更有助于解决村民的实际问题。这样，我便来到新洪村当上了村委会主任和党支部书记。1998年，国家出台了《中华人民共和国村民委员会组织法》，要求村主任必须是本村的居

民，于是我向夫人申请将户口迁到了村里。直到2016年，政府对新洪村完成了土地收储，我的"从政"生涯也结束了。1995年我进入这个村时，村里人均年收入为720元，而到2016年我离开时，人均年收入已超过2万元。

扶贫的20余年，也正是我们企业在不断发展的时期。我将企业的定位确立为：卓越企业的善意合作伙伴。秉持对生命的敬畏和热爱，关注人与自然的共生共赢，集团产业的开拓升级也无一不围绕和渗透于生命的各个维度，致力于推动个人、企业和行业价值提升。

20世纪末，肆虐华北的沙尘暴启动了中国企业家群体环保公益意识的集体觉醒。2004年，阿拉善SEE成立了，其宗旨是：凝聚企业家精神，留住碧水蓝天。通过亚布力论坛和阿拉善SEE创始会长刘晓光，我与阿拉善SEE结缘，因为许多亚布力成员都是SEE会员。加入阿拉善SEE以后，我对公益的理解有了更宽广的维度。它让我认识到，凝聚企业家精神，发挥企业家商业化市场化的能力、开拓创新精神去做环保公益，事半功倍。我们的"一亿棵梭梭"、滇金丝猴项目就是如此。

如今，阿拉善SEE生态协会已经集合了全国九百多位企业家的力量。他们来自不同的地区，通过升华自身的思想认识、亲身参与环保实践、探索环保新模式、提供环保资源、捐赠财富等方式，发挥着企业家精神，对环境保护做出了不同的贡献。每年我都会带着阿拉善SEE的团队去三江源地区进行环保考察。2017年我和我们的团队来到黄河源年保玉则雪山。在那里我看到，白雪皑皑的雪山和绿茵茵的草地，翻过一座小小的山坡，可以看到年保玉则雪山下一汪清澈见底的湖泊。来到湖边，当我们把手伸到清澈的湖水里，湖里面游曳的鱼儿会自己游到你的手上。在这里，我们突然感受到人与自然的一种和谐。两周前，我又回到当年漂流的起点——长江的正源沱沱河，在那里我依然能够感受到大自然的美景，在那里我心中依然充满了敬畏。

回归到今天的主题——企业家精神。企业家未来的归宿于社会而言至关重要。我认为，企业家的精神归宿应该是公益。企业家发展好自己的企业是一种本能，承担更多的社会责任是一种本分，而将企业家精神与解决社会问题相结合，不仅是一种创新，而且也能创造更大的价值。

于我而言，未来我还会将更多的时间和精力用到环保公益上，也希望能有越来越多的企业家加入环保行列，和我们阿拉善SEE生态协会一起保护这颗独一无二的蓝色星球。

做一个有生机的生意人

文 | 王均豪　均瑶集团有限公司总裁

　　我是20世纪70年代出生的，小时候看到白米饭时眼睛发绿。为什么？因为吃不上白米饭。我出生在温州最偏僻的一个渔村，父亲是渔民。兄弟姊妹五个人，最上面是两个姐姐，所以在很长一段时间里，全家就我父亲一个劳力。而更"要命"的是，那时候我们那里有个习俗，就是要定"娃娃亲"，并且男方得有房子，所以我父母亲举债给我们三兄弟分别盖了一间房子。

　　我就是在这种背景下开始了我的创业历程，从1988年开始创业到现在已经整整30年。我清楚地记得我七八岁那年发生的一件事情，这件事对我后来创业有着非常大的影响。那时候我们隔壁有一个村，主要劳动力总共只有十几二十个人，有一次台风来了，发生了海难，十几具遗体就那样躺在沙滩上。那个场景对我的触动特别大。人总是怕死的，所以那时候我就开始思考，长大以后如果不接父亲的班去捕鱼的话，我能够做什么？这就是我们决定创业最初的源动力。

在创业的过程中，很多人以为我们是做航空包机起家的，其实并不是。我们第一个合同是300元食堂饭菜票的订单，就这么一点一滴积累起来，后面才做民航包机。

但是从发展的角度来看，我们这30年能够活着，而且还活得不错，原因是什么？我们三家上市公司股票都没抵押过，各个业务板块都在蒸蒸日上，为什么？我想这里面最主要的有以下几个原因。

第一，我父亲虽然没读过书，但是有文化。我很小的时候他就教我，不管做什么事，要摸一摸胸口这一块"巴掌地"，要对得起自己的良心。所以现在我们家里的微信群的群名就叫"良心之家"，这一点要传承下去，我觉得这很重要。

第二，要想清楚赚了钱以后拿这些钱来干什么？我身边有一些朋友，改革开放初期挖了"一桶金"之后不知道要干什么，去了一趟澳门，一下子就都给赌没了。我们兄弟三人，在1990年初期就开始思考这个问题，我们究竟要做什么？那时候我们开了一个会，得出的结论是希望在我们有生之年，这个企业还能存在。这就是我们关于百年老店最早期的思考。在这个原则下，我们把将企业做久放在了第一位、做强放第二位，我们不追求做大。

正如小说《红楼梦》里所说的，每个人"都有一把辛酸泪"，在这么多年的发展过程中，我们自然也遇到过挫折。我现在经常会劝朋友："再难都别跳楼，我陪你去体验死亡。"我大哥逝世的时候，我很郁闷，我就在想死亡到底是什么感觉？于是我决定去蹦极。我蹦过两次极，第一次是栽下去的，第二次是飞下去的，这就找到了自杀的感觉。所以即使遇到再大的困难，也千万别自杀，自杀之前可以先去蹦一次极。

我们三兄弟原本也想一起干一番事业，但是大哥的突然离世，让我瞬间觉得这些都失去了意义。那时候我确实想过把所有的企业都关掉，只留上海一栋楼收租金就够了。然而那时候无意间听到的一句话深刻地影响到了我，那句话是这样说的："纪念历史最好的方法，就是将过去未完成的、现在正在做的和将来要做的，做得更好。"所以我想，纪念大哥最好的方式，就是把这个企业做得更好。于是在2004年年底，我们正式把当初三兄弟心里的想法再次提了出来，就是要做"中国百年老店的探索者"。不管成功还是失败，我们都希望能给中国民营企业提供一个案例。因为"百年老店"很难做，我们也做好了失败的准备。

当然，我们做"百年老店"是有规划的。我们用的是建筑学的逻辑，盖一栋大楼要四梁八柱，于是我们就做了五个版块。同时我们要求每一个版块不能只是像竹竿一样撑着，没有扎实的基础，而是每个版块都能够做到在全国民营企业中名列前茅甚至具备国际竞争力。以航空版块为例，我们在中国民营企业里面已经走到了前列。我们的大健康消费版块渡过了牛奶行业的危机，不仅在最近成功上市，2018年上半年的利润更是超过了2017年。且我们1994年开始做的牛奶产业，在整个行业面临三聚氰胺危机时，真正做到了"出淤泥而不染"。做一个企业真的很不容易。

还有一个问题也很重要，就是一个好企业的标准到底是什么？我们的答案是：要让顾客、员工、股东及社会满意。社会满意这一部分我们也一直在做。有道者劝以教人，因此我们主要投入在了教育领域。起初主要是慈善捐赠，但发现效果并不明显，于是我们决定自己来办一所学校，培养具有"中国心、世界眼"的人才。目前，我们学校里高中考国外大学的学生，有70%能够进入全球排名前60的大学，40%的学生能进入全球排名前30的大学，已经具备了世界竞争力。

此外，还有我们的高科技版块。以金属材料为例，我

们所制造的铝合金强度提升了30%，而3D打印强度能够提高60%。

党的十九大提倡弘扬企业家精神，我就在思考"企业家精神"是什么？在我看来，企业家精神至少要敢于重新定义世界标准。举例来说，重型卡车活塞对材料的要求非常高，但在这个领域，我们制造出来的材料已经比世界原先的最高水平超出了10%，并且已经取代了国外的独家供应。

所以说，人要有梦想，然后再大胆地去实现。我们要是能够把自己的人生定位想清楚，把自己的"墓志铭"想清楚，然后"倒过来"活，就会很幸福，很轻松，很淡定。我的"墓志铭"许多人可能都听说过，就是"明哲保升，智童道合，生意人"。

"企业家"是个外来语，是从法语翻译过来的，中国的企业家应该是"生意人"。这个"生意人"有两层含义：第一是要有生活意义，第二是有生机的交易。我想我们中国的企业家应该去想想老祖宗所说的"生意人"是什么意思。希望大家做有生机的交易，做有生活意义的生意人。

不断完成价值链的重构

文|俞　渝　当当网联合创始人、董事长

　　1978年，我在北京育英中学上初中。改革开放不但让我搭上了高考的列车，而且还坐了一辆"快车"。初中毕业之后，我就进入了北京外语学院六年一贯制的特殊班。1986年，离21岁还差几天的时候，我从英文系本科毕业。

　　实际上大学期间，念书不是我的主业，我经常四处兼职教英文、当翻译，从中得到了很多历练。我参加了北京市和机械部的很多大项目，服务对象也都是当年推动改革开放的大咖。

　　1987年，我跟随全国各省外经贸厅的40多位厅长到美国参访，这次参访对我影响非常大。在这四十多天的时间里，我们告诉美国人中国改革开放了，告诉他们什么是"三来一补"，什么是"合资企业"，什么是"技术转让"。

　　回国几个月后，我辞掉了工作，决定去美国留学。当时我觉得自己应该不会再回来了。在陪同谈判期间，我看到了美国企业有战略、有钱、有技术，而我们中国更多的是在拼脑

力、拼现场反应。而当时我20岁出头，还不懂什么叫"后发优势"、什么叫"下海"，就很简单地想去美国，去那个先进又富裕的地方。

美国的西部的俄勒冈、中部的俄亥俄、东部的纽约我都待过。从纽约大学MBA毕业后，我能找到的工作都不太适合。五六年后，我成立了一个事务所，去原来服务过的公司找项目，做金融并购服务。

30岁那年，我为中国两个国企收购了美国通用汽车的一个子公司。这个收购案让我非常有成就感。中国公司一分钱没有，连差旅费都是我帮着他们借的，我帮着他们码了八层的债务，最后他们赚了3800万美金，还获得了40%的股份。能够做一个这么大、这么复杂的案子，我当时心里特别高兴。

1996年，因为投资时尚杂志，我认识了李国庆。两个年过30的人，在过去的生活经历中都有过足够多的"单元练习"，所以我们认识3个月就结婚了，3个月后我就怀上了孩子，这之后我决定回国。当时国庆作为一个图书出版人，面临了很多问题，比如回款周期长、回款难等。而且我发现去北京的三联书店、图书大厦经常买不到我需要的书，于是我们决定办网上书店。2000年的时候，我们筹集了大概600万美元，"当当"就这样成立了。

那时候，虽然很多技术条件还不具备，但是当当网在每一步都做了很多努力。2010年，当当创立10周年，我们高高兴兴地在美国纽交所上市，成了一家市值20多亿美元的公司。当当的上市触发了电商的一轮融资大战，当当上市一个季度之后，京东、凡客、走秀网等几十家B2C公司都拿到了很高的融资，资金量都是当当的若干倍。所以从上市到后来的四五年，当当的路走得很艰苦，每一步都要面对对市场的困惑，面临一种自我约束的累赘。

尤其在2014年，阿里、京东在美国上市，对电商有兴趣的机构把资金都砸向这两个"大家伙"。2015年夏天，我做了一个决定：让当当从美国退市。当当退市是我做过的一个非常好的决定，因为这给了团队缓冲的时间。当当在多年的煎熬之后，终于可以从容思考了。当当退市不到两年，我们的利润和销售额持续增加，各方面的情况都非常好。

从1978年到现在的40年间，我去过很多地方，也做了企业，我对"企业家精神"怎么理解呢？当当网成立早期，全国网民只有几百万，现在看来，当时所谓的物流网、信息流、资金流都还没有形成体系。当当先做数据库，再利用社会资源把各地的邮局和送报公司组合起来做物流。我们早期做的所有跟电商基础设施相关的工作，我觉得都是对价值链的重构。当当的价值更多的是知识价值，是帮助用户在海量信息中寻找对他们有独特价值的信息。所以，我觉得一个企业家要不停地重建

和重构价值链。

　　我对"企业家精神"的另一个理解就是拥抱变化。18年来，当当拥抱了PC互联网、手机和移动设备以及包括价格战和各种行业周期等。电商快速多变，当当坚持面对顾客，价格要低廉，图书要有更多选择，服务要更为方便。在坚持这"三元素"不变的情况下，其他事情都要变，随时变，且要变得更快。

　　再谈一谈我自己的变化。早年做企业，我更多的是靠责任感，如今慢慢地变成了靠使命感驱使。在这样一个碎片化时代，阅历和判断比以往更重要。我们经常说日本、以色列每年人均阅读几十本书，而中国人均一年还阅读不到一本书。在中国，一个小地方可能没有书店，但一定会有很多火锅店和麻将馆。所以作为一个热爱深度阅读、相信知识改变命运的受益者，我要用商业的力量去引领全民阅读。

　　一路走来，我觉得创业对我个人来说还有个很棒的收获，就是保持活力。40年的时间里，从一个13岁育英中学的初中生一路走到当当网的董事长，我觉得我的确赶上了好时候。在接下来的5年、10年里，我希望能够以之前的这种速度和激情继续和我们团队一起工作。

不负时代

文 | 张文中　物美控股集团有限公司创始人、董事长

最近我被"新闻联播"了。2017年12月28日上午,我在最高人民法院接到了我为之奋斗十几年的最高法院下发的"再审通知书"。

为此,《人民日报》发表题为《公正司法,增强群众财产财富安全感》的评论员文章。2018年2月12日,最高人民法院公开开庭审理我的冤案。蒙冤12年,我一直远离公众视线,这几个月,我的名字在网络上、新闻里频繁出现——三次上中央电视台新闻节目,两次新闻联播,五次被新华社发消息,还真的不太适应。

再次站在亚布力的讲台上,我百感交集,思绪万千。我感动。我感谢。我感恩。

最高人民法院史无前例地在本院公开审理一个涉产权的民营企业家冤案,让我感动!

全国工商联、在座的亚布力各位理事、还有很多的朋友、同事在我最困难的时候给予我精神上、行动上的鼎力相

助，我衷心感谢！

习近平总书记、党中央全面依法治国，保护产权，纠正冤错案件，让我无限感恩！！！

当然这只是一个开始，是接下来一系列冤错案得以平反纠正的开始。

当最高人民法院决定再审我的冤案，民营企业界沸腾了！有300多个著名企业家打电话、发微信、发短信向我表示祝贺，畅谈感想。再审所引发的热议，已经不再仅仅是我张文中的事，故事的主角是企业家和企业家精神！最高院再审张文中案的意义，也不仅仅是案件本身，不仅仅是还我清白，而是党和国家对企业家群体的关注，对企业家精神的弘扬，对企业家创业环境的营造，是改革开放40年来推进依法治国的又一个新起点。

今天我想结合自己的特殊经历谈五点感悟。

第一，人生是一场奋斗，无论是顺境，还是逆境。企业家存在的价值就是奋斗。100年前，近代大实业家张謇说过：

"天之生人也，与草木无异，若遗留一二有用事业，与草木同生，即不与草木同腐朽。"回顾前半生，我是在奋斗中度过的。

　　我是一名企业家，伴随着改革开放成长的企业家，当然，是一个有极其特殊经历的企业家。

　　20世纪80年代我和其他青年知识分子一样追梦，进入国务院发展研究中心，为改革开放献计献策，有幸和田源、陈东升成了同事。

　　1992年，在邓小平南方谈话的鼓舞下，我从美国归国创办计算机公司。

　　1994年，为了展示自己开发的pos机、信息系统的使用价值，创办了北京最早的超市。

　　2003年，物美超市成为第一家在香港上市的民营零售企业。

　　2006年是物美发展的最好时期。物美当时是全国最大的民营流通企业之一，引领中国零售产业快速发展和技术创新。我本人还担任了全国政协委员、全国工商联常委和北京市工商联副主席，受到党和国家的重点培养。

　　冤案从天而降，物美受到重创。尽管由于技术、人才、管理和经营的基础扎实，我弟弟张斌带领物美团队苦苦支撑，企业才没有垮掉，但失去了重大发展机遇。

　　我出狱后，不少朋友好心地建议我移居国外，过平静安逸的生活。但我是企业家，我是中国人，我要为物美发展、为物美10万员工的幸福生活、为中国梦的实现而奋斗。我立即投身到用技术推动中国零售业革命的事业之中。

　　环境变了，行业变了，技术革命正风起云涌，必须用新的改革创新办法审视一切。我们以技术变革为导向、商业本质为基础进行了一系列创新。2014年，我们收购了"百安居中国"，通过建立全渠道O2O新商业模式扭亏为盈，形成了以互联网大数据技术为基础的"线上、线下一体化"的店铺体系。2015年，创立了分布式电商"多点"，现在"多点"已经成为全国排名第一的生鲜电商，合作伙伴遍及国内国外，"多点+物美"今天已经成为全渠道零售的新模式，正在快速复制。物美以大数据和智能化为引领，以移动互联网、云计算、实体门店数字化为核心，进行以自助购、自由购、扫码购为代表的"银线革命"，逐步提高连锁商业的技术水平，努力通过变革创新，重新成为互联网时代科技零售的领军企业。

第二，心中有春天，人生就充满阳光。大家都很关心我是怎样看待这一场冤案的。我遭受这么大的冤屈，为什么不恨天恨地、怨天尤人？

我对得起良心，对得起历史，我无怨无恨。

谁也不愿意坐牢。但我不会因为自己坚守道德和诚信，因为自己不苟且、不违背做人的底线而后悔。我相信，如果没有对司法公正的干预和影响，在正常情况下，公、检、法任何一个机构都不会对我做出原审判决，不会形成这样一个非法律人士都可以看出错误的重大冤案。因此，对于参与过我这个案子的公、检、法机关及个人，我没有忌恨心理，也不想追究任何人的责任。形成这样一个认识，内心也是过了大坎的，但我想通了。

然而，要对得起历史，所以我要求彻底纠正我的冤案，还我彻底的清白，被侵占的财产要依法返还。返还的财产，我将全部捐赠出来，用于推进依法治国和扶贫事业。

第三，人生是一次旅行。一千年前，苏东坡曾经说过："人生如逆旅，我亦是行人。"人生本来就是一趟充满挑战、机遇和艰难困苦的旅程。

没有比失去自由更痛苦的了。我仅仅在看守所的关押就长达三年。有很多朋友问我，这些年你是怎么过来的？我有的回答了，有的没有回答。今天告诉大家，在最悲惨、最无助和最绝望的时候，读书、用心用脑地读书是人走出苦海、脱离困境、活下去的最重要途径。书成了我最好的朋友，书是我最愿意收到的礼物。一次田溯宁送了我30本书！我至今收藏着。读书更是我坚守信念、抗击孤独、磨炼意志、增强智慧、追求卓越的生存方式。在关押期间，我一共读了几百本书，许多是英文原著，我的英文水平比原来又有了很大的提高。

在读书学习的过程中，还要不断思考。我在监狱和看守所搞科研，取得了四项专利，省部级科技进步特等奖一项、一等奖两项。

助人为乐、成人之美是企业家应当具备的基本品行。在监狱里，我碰到一些年轻人，由于各种原因被关押，有的是由于一时兴起而酿成恶果。我内心非常同情和惋惜，总想尽可能帮助他们。我提出在监狱里推动年轻人自学，参加成人高考，引起了监狱的重视并付诸实施。一些年轻人在监狱里参加并通过了课程考试。

作为企业家，企业是永远的牵挂。即使有高墙铁窗的阻挡，企业家的灵魂必须与企业同在。我必须时刻保持清醒，自己不能倒下，自己的精神与信念是支撑企业存在的根基。

王石曾引用巴顿将军的话称赞褚时健先生："衡量一个人成功的标准，不是看这个人站在顶峰的时候，而是看这个人从顶峰上跌到低谷时候的反弹。"褚老是我非常敬重的一位前辈，是企业家心中的企业家，他在古稀之年再次创业，并且创造了奇迹，是我的榜样！

艰难困苦，玉汝于成，筚路蓝缕，斩棘前行。

第四，人间有真情，公道在人心，亲情、友情重于山。2000年前孟子说过："出入相友，守望相助，疾病相扶持。"

我首先要感谢全国工商联。全国工商联充分了解、高度关注我所蒙受的冤案，多次向相关领导机关反映我的冤案。三任主席、书记持续为我呼吁，而且后两届领导，我从未谋面。北京市工商联时任党组书记吴杰同志还专程到监狱来探望我。我国12位著名刑法专家专门召开"张文中案法律专家论证会"，旗帜鲜明地直指冤案的根本错误，主张立即彻底纠正。我再次衷心感谢全国工商联——这个民营企业的娘家！

在座的许多企业家朋友在我最困难的时候都给予了鼎力相助。陈东升、田源、王玉锁、田溯宁、毛振华、余渐富、胡成中、丁立国、周全、熊晓鸽、林栋梁、茅永红、郑耀文、张征宇、张大中、李少华、张懿宸等亲自到监狱探望。我永远忘不了刘明康主席不顾国际旅行的鞍马劳顿，从机场直奔医院看望我，关心我，鼓励我。柳传志柳总获悉我在狱中身患重病，亲自帮我安排医院救治。

10余年来，参加"两会"的企业家委员代表不间断地为我呼吁。特别令我感动的是，在全国政协的正式会议上，在近100名政协委员的见证之下，有一位企业家政协委员当场向参会的最高法领导反映张文中的冤案，表示他愿意用自己的全部财产和身家性命担保这是冤案！

这位企业家就是侠肝义胆的王玉锁。

2010年，我见到了一幅油画。它让我一辈子铭记，一辈子感动。这是一幅亚布力创始理事的群英图，关押之中的张文中居然被保留了。对于身陷囹圄的文中来说，这是最大的精神安慰和鼓励！亚布力的兄弟们，我永远感谢你们！正是你们始终如一、不离不弃的关心、支持和帮助，让文中走到了今天。

滴水之恩，涌泉相报，雪中送炭，没齿难忘。

第五，相信党，相信国家，相信公平正义，相信改革开放。

正义尽管会迟到，但绝不会缺席。迟到的正义，依然无比珍贵。最高人民法院重审我的案子，是全面依法落实产权保护制度的新起点。通过案例分析建立健全长效预防机制，对于有效保护企业家的合法权益和财产安全具有重要意义。"有恒产者有恒心"。希望我个人、家庭、企业的巨大损失能够为依法治国、依法有效保护各种所有制经济组织和公民的财产权、增强人民群众的财产安全提供前车之鉴。

民营企业的发展源于改革开放。没有党和国家的好政策，就没有我们企业家的今天。改革开放40年来，一代代企业家艰苦奋斗，砥砺奋进，铸就中国商业在世界的崛起和辉煌。亚布力论坛是个大家庭，汇聚着改革开放孕育出的企业家群体。亚布力论坛更是企业家的精神乐园，18岁的亚布力论坛正年轻!

　　人生一世，草木一秋，个人渺小，惟知跃进，惟知雄飞，不负伟大时代。文中再次对亚布力论坛的各界朋友长期以来的关心和支持表示诚挚感谢和崇高敬意！文中愿与大家共同携手，在法治阳光的普照下，弘扬中国企业家精神，为实现中华民族伟大复兴的中国梦而努力奋斗！

以德为本　砥砺而行

文|钱金耐　德汇集团董事长

　　我是一个经历特殊的人。从80年代初期"下海"经商，到遭遇人为纵火浴火重生，再到带领企业三次转型，跌宕起伏，砥砺而行，是风雨经历磨砺了我、成就了德汇。33年来，我和德汇人经历了三个发展阶段。

1985年—2007年
从起步创业到专注商贸运营

　　20世纪80年代初期，中国改革开放势如破竹，浙江温州更是领风气之先。

　　温州人骨子里就有敢于闯天下的勇气。哪里有市场，哪里就有温州人；哪里没有市场，哪里就出现温州人。在很多人不敢踏出第一步的时候，温州人站在潮头、敢于吃螃蟹，有着"勇于创业、大胆创造、不断创新"的精神。

　　1985年，我在乐清中雁中心学校当老师，我想"下海"，但父亲不同意，不给我钱。父亲说你好好干，还有机会当校长，祖上要是冒个青烟，兴许还能当个市教育局的副局长，这么好的工作，又能每月赚32块6毛钱，干吗非跑出去当个体户？

心里认定了，就一定要往前走。于是，我就带着一半积蓄，一半借来的钱共300元，坐了三天三夜的火车，闯到西部边陲新疆。先是在塔里木盆地落脚，推销来自温州和上海的电器，开始"下海"创业的第一段路程。

最初，我找到了自治区十大企业之一的新疆八一钢铁厂，想把柳市电器目录拿去给采购科科长，他一到办公室，门口早就已经排起长队，全都是各个厂家来推销产品的，根本没有时间听你讲。为了能尽快打开销路，我想了个办法。从第二天开始，我每天都帮采购科科长办公室拖地、擦桌子，当拖地拖到第三天时，科长主动了解到我背井离乡、只身一人创业的情况，被我的诚恳与执着打动了，当即决定达成采购意向。而在他给我的长长清单中，我选择的第一份订单，是金额最小的一份，总计932元。

这份合同至今我还珍藏着，是我第一步创业内心遵循的信念，也成为我一生谨守的诚信经商准则。

在新疆的前8年中，

我埋头苦干，一二三产业什么都做，看到哪个好就干哪个。1993年，德汇公司成立，我先后当选为自治区青联副主席、自治区工商联副主席，随国家级代表团出国考察的机会也越来越多。在多次深度走访世界500强企业后，越来越清晰地意识到：散则弱，聚则强。只有专业专注，一个企业才可能成为市场领导者，毅然决定砍掉其他项目，专攻商贸产业运营，集散成市，聚弱为强，为小微商户开创抱团发展的平台。

重心转移后，2001年创建德汇实业集团，陆续开发了当时新疆单体规模最大的专业市场、中国面向中西亚及俄罗斯的最大专业外贸市场、出口过货量居乌鲁木齐第一的国际采购基地等10个项目。

2006年，德汇国际广场建成开业，总投资3.8亿元、总面积10万平米，成为当时新疆首府的地标性商贸中心，每天客流量8~9万人。至2007年，历经20多年创业，德汇事业实现了首次飞跃，成为拥有总资产15.6亿元的民营企业集团，被授予"新疆十大知名商贸企业"。

2008年—2013年
德汇经历生死考验、浴火重生

正当德汇事业进入快车道、筹划着上市的时候，一场灭顶之灾，把我和德汇推入绝境。

2008年1月2日，德汇遭受恐怖分子蓄意纵火引发重大火灾，大火连续燃烧了68个小时，将德汇苦心经营20多年的成果和3096家商户的创业梦想彻底击碎，直接经济损失高达11亿元。

以德为本　砥砺而行

灾难发生后，重建方案不被信任，受灾商户情绪失控，社会各界充满质疑，德汇濒临破产。特别是3096户受灾商户，他们中有很多人是和双方父母一起凑钱起步创业的，每一个店铺都押着3个家庭的所有财产，加上他们的上游和下游，一把人为的纵火烧光了上万个家庭的希望！

面对灾难，德汇可以选择两条路：一是依法破产，二是灾后重建。破产对企业来讲，有限公司承担有限责任，合法又简单。但是，3096户受灾商户怎么办？上万个家庭怎么办？跟随我拼搏多年的员工怎么办？我不能置走投无路的3000多商户、上万个家庭于不顾，把困难和问题统统扔给政府，扔给社会。

最后，我和高层团队统一思想，从十几个方案中选择把受灾商户的利益放在首位，坚持"在发展中实现安置、在发展中实现赔付和救助"。向受灾商户做出了"有限公司承担无限责任，砸锅卖铁也要确保3096户受灾商户的直接损失得到100%补助"的郑重承诺。

这句承诺的践行一走就是10年！

开弓没有回头箭，方案定了，承诺有了，胸脯也拍了。但此后的这些年，实施起来真的很难很难。

这些年，我们碰到了

常人难以想象的艰辛。公司负债累累，我自己卖车抵房、四处借钱；中高层干部磨破嘴、跑断腿，奔波于各个部门之间，没有一句怨言；基层员工埋头苦干、工作量是正常企业的10倍，没有一句牢骚；德汇的高管连续五个月不拿工资，以确保基层员工的工资按时发放；所有德汇人始终用100倍的努力，帮助上万家庭走出困境。我十分感激、感谢所有追随多年的伙伴们，在我最困难的时候，大家不离不弃，风雨同舟、患难与共！

在各方的支持下，德汇的灾后重建有力推进。

2008年2月，灾后不到一个月，我们就将当时乌市排名第一的二类口岸关掉，用来安置3096家受灾商户，让他们把上下游的客户留住，也留住了他们渡过困难、东山再起的希望。

2009年6月，德汇儿童大世界开业，首批1304家受灾商户迁入新店营业；

2011年9月，德汇名品广场在原废墟上重建落成，1700多个产权投资户、使用权户获得了与火灾前同等楼层、同等面积商铺的赔偿。3096家受灾商户100%得到安置补偿，德汇用7.6亿元救助上万个家庭走出困境、重新创业。

历经5年拼搏，德汇浴火重生。一万个受灾家庭没有一家走投无路，没有一家流落街头，没有一家因为这场火灾而破产，没有出现一次因善后问题而上访。

任正非说，从泥坑里爬出来的是圣人，烧不死的鸟是凤凰。这把大火险些毁了我、毁了德汇，但也考验了我、成就了一个全新的德汇。

德汇勇担责任、守诺诚信之善举震憾全国，新华社、人民日报、光明日报、经济日报以及新疆、浙江等地的新闻媒体相继报道，被国务院树为应急处置重大危机事件典范。我本人被中宣部表彰为"全国十大诚信模范人物"。

完成灾后重建，我如释重负，遭受过大灾的德汇，深切体会到：大灾有大爱，患难见真情！

永远不会忘记，时任温州市委书记、现任河北省委副书记的赵一德同志来德汇时对我们团队讲的一段话："德汇重建的不仅仅是几幢楼，而是在新疆建立温州精神。德汇精神就是温州精神，德汇形象就是温州形象。"

永远不会忘记，温州市人民政府陈宏峰副市长带着200万元，前后4次专程飞到新疆，帮助我们拿方案、出主意，深入每个受灾商户的家里。

永远不会忘记，时任浙江省委副书记周国富带着浙江省委、省人民政府的300万元慰问款，救助我们的受灾商户。感谢社会各界不管认识不认识的朋友，都曾救助过我们的受灾商户。

永远不会忘记，当德汇像烫手山芋一样时，家乡亲朋好友没有抛弃我，70多位亲友赶赴新疆看望我，5位好朋友前前后后给我借款4.8亿元，有的甚至没有打借条。后来又得到了新疆当地几家银行的贷款支持。

2013年—2018年
创新转型、深耕商贸产业运营

完成灾后重建，许多人劝我，可以歇一歇了。

在企业家词典里，没有歇一歇这个词，企业家存在的价值就是不断地奋斗。

互联网经济时代，传统商贸受到了严重冲击，传统的批发市场、传统的零售企业面临重新洗牌的窘境。在这样的严峻形势下，德汇怎么办？只有创新转型，才会再现生机，才能焕发活力。

我们抓住"一带一路"的历史机遇，决定为新疆首府奉献第一座城市智慧商圈。

2013年，启动开发德汇中心。将原批发市场迁移，投资35亿元，开发建设总面积55万平方米的城市生活综合体。

我们与万达集团战略合作，在德汇中心引入德汇万达广场，把德汇批发市场与现代城市综合体嫁接，是全国独创的新模式。

2018年1月28日，德汇中心竣工开业，汇聚了600多个国际时尚品牌和6000多个中小商家，创造了3万多个就业岗位。德汇中心城市智慧商圈正式上线，商业运营全面实行数字化管理。

面向未来，德汇再次战略转型，依托10年前在江苏启东填海造地所取得的6150亩土地资源，开发建设以艺术大学、滨海文旅、新式医养为主导的产业新城，积极进入资本市场，为德汇战略转型赋能，努力把产业新城综合体做到极致，致力成为中国领先的产业生态运营企业。

回顾这33年的创业历程，我有五点人生感悟。

感悟一，企业家存在的价值就是不断地奋斗：用性命在拼搏，用心血在奋斗。努力到无能为力，坚持到感动自己。

感悟二，金刚非坚，愿力最坚。碰到困难，要想成功突围，一定要发愿：愿力是可以连接宇宙的能量，愿力是一切成就的根本，愿力是地里头 埋头苦干中生长出来的宏愿。

感悟三，利他心。利他心和利己心平衡才会幸福。要把客户的利益、受灾商户的利益放在首位，把新疆长治久安的社会责任放在首位。

感悟四，要点燃内心之火和精神之光。实现这一宏愿，光靠一个人是不够的，我们需要有一群抢滩登陆的勇士，需要一批攻克山头的好干部，所以我们要带头、要想尽办法点燃全体人员的内心之火和精神之光。

感悟五，守德业。德者汇天下、德者闯天下！恪守德业，是德汇企业文化的精神之核。"德"，即大爱之德、大忠之德、大诚之德、大信之德。碰到极端困难的时候，坚持立正德、谋正道、修正业，依法经营，合法纳税，违法的事情坚决不做，亏心的事坚决不干！

回望 / 来路看变迁

而今，我们正在从中国制造走向中国创造、中国智造，从跟随世界走向赶超世界，这其中，中国企业40年的成长历程，是改革开放的核心内容之一，也是中国经济腾飞奇迹的一个缩影。

不忘初心，执着前行

文|杨元庆　联想集团董事长兼CEO

改革开放40年成就

2018年是改革开放40周年。在这40年里，中国经济持续高速发展，数亿人脱贫，中国实现了由封闭、贫穷、落后、缺乏生机到开放、富强、文明、充满活力的历史巨变。可以说，中国的改革开放创造了一个"经济发展奇迹"。

有一组数据可以让我们直观地看到改革开放所取得的骄人成绩。

1978年，中国的经济总量仅占全球的1.8%，而今天的中国已经是全球第二大经济体，经济总量占到全球的14.8%。

1978年，我们的人均GDP为384美元，而今天我们的人均GDP有望在2018年底超过1万美元，中国已成为名副其实的中等收入国家。

1978年，我们没有一家私营企业，没有一家"世界五百强"公司；而在2017年，我们的私营企业数量已经达到了2000

万家；2018年最新的数据则显示，"世界五百强"企业的榜单中中国企业已经达到了120家。

过去40年，从根本上讲，从计划经济走向市场经济，从单一公有制走向混合所有制的经济体制改革，激活了中国经济，让中国市场走上了自由开放的发展道路，形成了政府主导，国有企业、外资企业、民营企业共同推动的经济格局。同时，改革开放特别是加入WTO，让中国从一个闭门锁户的农业国，转变为向全球提供产品的"制造大国"，促进了中国经济的腾飞。

而今，我们正在从中国制造走向中国创造、中国智造，从跟随世界迈入赶超世界，这其中，中国企业40年的成长历程，是改革开放的核心内容之一，也是中国经济腾飞奇迹的一个缩影。

中国经济与企业家的关系

周其仁先生将中国的经济环境、制度环境与企业家群体的关系，形容为"水大鱼大"，我深以为然。

改革开放对中国企业家群体最有利的影响之一，就是建立了有法制基础的市场经济体系，让企业的发展有法可依，有制可循。回顾改革开放40年来中国企业家的成长史，可以说就是一部中国企业制度从无到有、从不完善到逐步成熟的发展史。

很多人都知道联想从中科院传达室起步的艰苦创业故事，但其实比现实条件更艰苦的是当时没有产权制度、没有企业制度，企业家群体都没有安全感。这是包括柳总、鲁冠

球、张瑞敏等前辈创业时都面临的问题，他们是改革开放后的第一批民营企业家。

而1992年出现的陈东升、冯仑、毛振华、田源等企业家就不存在对产权纠纷的焦虑。因为这一年国家颁布了《有限责任公司规范意见》《股份有限公司规范意见》，第一次为民间创业提供了法律依据，为中国现代企业的成长提供了制度保障。

随着互联网的兴起，张朝阳、李彦宏、田溯宁、汪潮涌等一批"海归派"回国创业，又带来了创始人制度和期权制度，解决了创始人和团队的财富问题，让产权和公司治理更加明晰和科学。

今天，中国已经是一个拥有成熟资本体系、创业体系的开放市场，创业热情空前高涨。2015年6月，政府颁发了《国务院关于大力推进大众创业万众创新若干政策措施的意见》，鼓励和支持大众创业创新。

不忘初心，执着前行

从这些并不十分全面的梳理中，我们可以看到党和政府对企业家群体的政策支持，也可以看到一代代企业家利用当时的市场条件不断探索，持续推动经济和制度环境改善，谋求自身发展壮大，进而促进中国经济发展所做出的不懈努力。

改革开放40年联想的发展

联想成立于1984年，从中关村的一家创业公司发展成为一家全球化的企业，历史上三次关键的变革，都与改革开放的重要进程和政策变化休戚相关。可以说，34岁的联想是改革开放40年的重要见证者和受益者。一方面，联想的发展得益于改革开放后中国市场的发展和成长；另一方面也在于，联想通过变革顺应了改革开放的步伐。

第一次变革：扛起国产电脑品牌的大旗

1994年，国家为了促进各行各业的信息化，大幅下调了进口电脑的关税，从之前的200%降到了后来的26%，同时取消了进口批文，这等于是让中国的PC业提前与世界接轨。虽然我们从1990年开始做联想品牌，但直接与IBM、康柏等国外大品牌短兵相接，联想和其他国内品牌一样很快就支撑不住了。是放弃自有品牌做外国厂商的代理，躺着把钱挣了，还是咬牙坚持自有品牌，建立起自己的核心竞争力？我们选择了后者。

当时，我被任命为联想电脑公司微机事业部总经理，对业务进行了大刀阔斧的改革：首先，我们将组织结构整合成直接面向市场的端到端结构，能够对市场变化快速作出反应；其次，我们在全国建立起了广泛而又深入的渠道网络。三年后，联想个人电脑在中国市场的占有率首次位列榜首，市场份额快速提升。

2001年，在"高科技的联想、服务的联想、国际化的联想"战略的指导下，我们开始拓展手持设备、互联网服务、IT咨询服务、合同制造等领域。同年，中国正式加入WTO，在绝大部分领域，中国厂商没有了之前的"沼泽地保护"。对于联想来说，横着走，等于是在多元化的所有领域，都要直面跨国厂商的直接竞争，精力和资源都无法兼顾，所以业绩明显下降。于是在2003年，我们经过深刻的复盘，决定改变战略，重新聚焦于个人电脑，竖着走。在战略调整的同时，我们还在面对戴尔势头凶猛的直销大战。通过深入分析其业务模式，我们在交易型业务模式之外，建立了直接面对大企业客户的关系型业务模式，成功扳回局面，并且把"双业务模式"打造成联想的核心竞争力。

从1997年至今，联想一直在中国市场稳居冠军，让国产品牌的旗帜高高飘扬！

第二次变革：蹚出中国企业国际化的新路

中国加入WTO带给联想的冲击，不仅仅是直接面对国外实力强大的竞争对手，还有探索海外市场的迫切。当时我们已经意识到，如果联想只在国内市场发展，30%的市场份额，已经接近"天花板"，再往上增长会越来越困难，所以必须开拓国际市场。

2004年年底，联想收购IBM的个人电脑业务，正式开启国际化征途。凭借清晰的战略、多元化的团队和文化、成功的业务模式以及坚持不懈的创新，今天的联想已经成为一家全球化管理和运作的世界500强公司。

变成一家"全球销售"的公司不难，但变成一家真正

"全球化经营"的公司却不容易。今天的联想在全球拥有5.2万名员工，业务遍及160多个国家，70%以上的营收来自中国以外。我们采取全球化与本地化结合的模式，充分利用全球优势资源和本地化的人才及能力。我们不仅有全球化的销售队伍，而且还有全球化的技术研发体系和供应链，我们的管理团队和文化也是多元化的，公司的最高管理层分别来自中国、美国、意大利、英国、加拿大、巴西等7个国家。可以说，这样的发展方式趟出了一条国际化新路。

第三次变革：成为智能时代的推动者和赋能者

作为改革开放之后在市场机制下成长起来的中国企业，除了把企业自身做大做强，还担负着合力推动中国经济发展的重任，尤其是今天，中国企业更是推动中国经济转型升级的主要载体。

我们所处的时代，因为A.I.人工智能技术的发展正在发生剧变。今天，大家多多少少已经在享用人工智能，与智能音箱对话，用智能手机刷脸，探索无人驾驶，但这些只是人工智能的冰山一角，其真正的影响力将无比深远。它像数字化/信息化之于第三次工业革命一样，正在推动第四次工业革命的到来，每一个企业的每一个价值链环节，每一个行业，乃至国民经济的整体运行，都能通过"智能+"提质增效。

如果说在信息化时代，中国只是一个赶超的角色，那么在智能化时代，中国很有可能成为引领者。

对智能化来说，数据是燃料。数据通过智能设备获取并传输到云上，在反过来又让设备更加聪明的同时，又为行业智能提供了动能。在这方面，中国有全球最大的互联网用户群体，智能终端销量稳居全球第一，这让我们拥有巨大的数据优势。

有了数据，还需要计算力作为引擎。高性能计算能够支持越来越快的机器学习，云计算和边缘计算相结合则让计算力无处不在。我国在计算力上也有显著的优势，不仅有位居全球前两位的超级计算机，而且最新的全球超级计算机TOP 500，中国超算上榜总数第一，有227台。

而要把数据与各行各业的Knowhow（知识、经验、流程）结合，对这些数据进行清洗、分析，得出有价值的洞察和解决方案，还需要先进的算法。

数据、计算力、算法，这三个智能化的要素一旦打通，就能够形成完整的垂直行业解决方案，构成行业智能。现在，行业智能整体解决方案方兴未艾，群雄逐鹿，格局未定，我们和全世界站在了同一起跑线上，未来大有机会。

近几年，联想就在顺应时代变化，全面拥抱智能化，致力于成为这一轮由人工智能驱动的智能变革的推动者和赋能者，这是我们新阶段的新目标。

企业家精神

在市场经济全面释放活力，推动企业不断向前发展的过程中，作为企业人，近年尤感振奋的是企业家群体所得到的前所未有的尊重与保护。中央连续两年发布了两个文件，2016年发布了关于产权保护的文件，2017年发布了关于弘扬企业家精神的文件，改善营商环境，鼓励企业家创业、创新。

企业家是经济活动的重要主体，企业家通过推动技术创新、管理创新和商业模式创新，不仅满足了人们对美好生活的需求，更创造了巨大的社会价值和市场价值，是财富积累和价值创造过程中最具生产力、最为积极的因素。

过去40年，不少中国企业都经历了凤凰涅槃式的深刻变革，在越来越激烈的市场竞争中摸爬滚打，在直面跨国巨头的过程中变得越来越自信和强大。应该说，每一家成功的企业背后，都有着不少艰辛的蜕变故事，都饱含着企业家们的巨大付出和不懈努力。

企业家是企业的灵魂，是企业的主心骨，企业家个人的成长对于企业的长期发展来说尤为关键。就我自己的体会来说，我认为企业家首先应该正直，要有社会责任感和使命感，要有主人翁精神；其次要有韧性，做企业的过程就是不断冒险、不断创新的过程，不能遇到点挫折就投降；第三是要有很好的学习能力，这是企业家及其企业能够与时俱进的关键。我喜欢把这三方面比喻成一棵"树"，正直是根，韧性是枝干，学习能力是它的叶子。只有这三方面都具备了，小树才可能长成参天大树。

我很幸运，在联想经历了中国经济大发展的30年，更幸运的是，在带领企业不断发展、不断调整的过程中，我们每一次都踩准了时代发展的脉搏，能够跟着时代演变、跟着国家发展一起进步和成长。

　　过去34年，联想的发展一直受益于中国市场的不断成长，受益于改革开放，如果说联想对于国家、对于IT产业有贡献，我想主要有两点：一个是联想把个人电脑做成功了，为互联网和移动互联网的发展奠定了基础，为中国的信息化建设做出了贡献；另一个是联想的国际化趟出了一条新路，为中国企业提供了一定的借鉴。希望在已经到来的智能化新时代，我们还能有更大的贡献！

不忘初心，执着前行

改革不惑之年看来路

文 | 陈黎明　IBM大中华区董事长

机遇在人生中扮演着重要的角色。毫无疑问，始于1978年的当代改革开放，无疑是我人生中最大的机遇，也是国家崛起的最大机遇。回顾过去40年来自己的人生路，从一个新疆农场长大的孩子，考入大学，出国留学，海外打拼，回国工作，先后从事过农业、食品、营养、化工、能源及IT等行业，到目前任职IBM大中华区董事长，一路走来，个人的勤奋固然十分重要——我也历来坚信勤能补拙，但我觉得更重要的是自己幸运地赶上了改革开放所带来的中国发展和崛起的机遇与大势。

机遇与选择

我出生并成长于新疆石河子的农场。要读书那年正好赶上"文化大革命"开始。农场的师资力量本来就很薄弱，加上时代的影响，可以说小学、中学乃至于高中，一代人都是在懵懵懵懂懂中度过的。现在回想起来，我总觉得当时干农活要比学习更在行一些。我最拿手的是砌火墙，初中毕业时，我甚至领着同学盖过电影院，我们的教室也是我们自己建造的。

1977年，国家恢复高考，我当时听到这个消息，可以说是一脸的茫然。那时，新疆的农场还很闭塞，教育水平相对很落后，教材奇缺，几乎没有什么参考书。用现在的一句话表述，考大学对我来说就是"理想很美好，现实很骨感"。

但不管如何，1978年我还是参加了高考。早秋的一天，我正在考农场的民办教师，这时一位老师急匆匆地进来告诉说我的《大学录取通知书》到了——我考上了石河子农学院园艺系果树专业。能考上大学固然还是令人高兴的，但是一些老师和亲人觉得我应当复读一年，第二年兴许能考上一所更好的学校。他们觉得上完农学院再回到农场多多少少有些遗憾。但我母亲并不这样认为，她的理由很现实，那就是甭管从哪个大学毕业，一毕业就是行政22级，在新疆能够拿到77.49元工资。母亲也许都不记得这件事了，她也一定没有想过，她的这个决定对我的人生产生了怎样的影响。抓住当下，而不是好高骛远、不切实际，在此后的学习和工作中始终警示着我。

20世纪80年代，国门被打开，国人看到了西方世界的精彩，留学成为年轻人中的一股潮流，而我也加入了这股大潮。大学毕业4年之后，1986年8月，我怀揣着145美元，拖着两个行李，前往美国康乃尔大学。

其实我申请学校的过程说起来也是令人匪夷所思。申请康乃尔大学时，我没有托福和GRE的成绩，仅仅凭借英语培训中心的成绩，就递交了申请材料。意外的是，1986年4月底，康乃尔大学向我伸出了橄榄枝，发出了有条件的录取通知书——要求我的托福成绩必须达到最低录取分数线，否则要提前到学校参加一个夏季英语课程，这也意味着我的脚已经铁定踏进了康乃尔大学的校门。时至今日，我依然不知道当时康乃尔大学为何会给一个不知名的学校毕业、成绩单亦非特别突出、甚至不能提供托福和GRE成绩的年轻人这样特别的眷顾。

1996年，出国10年，我终于踏上归途，回到了国内。而这次回归又一次改变了我的人生。

刚回国时，我出任德国康迪雅中国有限公司的副总经理。由于换了不同的行业，心中总还是有点忐忑。当时公司另一位副总经理郑和宽先生说了一句话："隔行如隔山，但隔行不隔理"。这句话令我豁然开朗，并且影响了我以后的职业生涯。但凡别人能学的，我们普通人大多也都能学。对于一个行业深入的了解，亦会增加我们对另一个行业的理解。抱着这样的信念，我坚定了打拼的信心。未曾想到这一路下来，我就在化工行业干了10多年，直到2008年我出任英国石油公司大中华区总裁。

2014年8月，我又一次坐上前往美国纽约的航班，这次是去面见IBM的高级副总裁们。这是一场面试，我见到了10余位IBM的高级副总裁。当年10月，我见到了IBM董事长兼总裁罗睿兰女士。当时，IBM正在寻找一位领导大中华区业务的董事长。对于IBM，我是久闻大名，但是其实所知有限，只知道几年前IBM已经把个人电脑业务出售给了中国的联想集团。从业IT行业，这个想法在此之前从来没有进入过我的脑海。在我职业生涯的早期，我曾说过，有两个行业大概是不会考虑的，其中一个就是IT行业。那毕竟是一个完全陌生的领域。

英语中有句谚语："Never say never."看来，话不能说得太死。为慎重起见，我读了几本关于IBM的书，基于对IBM的历史、文化、价值观有充分的了解和认同后，才真正促使我下决心考虑IBM这个机会。我也认定这个职位一定会给我带来很多兴趣和挑战，我也认定自己一定能够有所贡献。这正是我选择职业的标准。事实证明，一切如愿。

我常常想，如果当年"文化大革命"没有结束，国家没有恢复高考，我的境遇会是怎样？如果当年没有选择回国，自己的今天会有何不同？个人的命运与国家的命运息息相关，国家的兴衰就是个人最大的机遇所在。每当听到不能客观看待中国的发展成就和所面对的挑战言论时，我总会拍案而起。我总争辩，看待中国的发展和挑战，必须从纵向和横向两个维度来看。纵向来看，也就是从历史的镜头来看，中国过去40年的发展成就是毋庸置疑的，也是举世公认的。只看见发展中的问题，既是不客观，也是不公正的。当然，横向比较，我们和发达国家相比，在许多方面依然存在一定的差距，这也是我们应当正视的。作为改革开放过程的亲历者、受益者、见证者，也是参与者，我切身体会到国家从一个贫穷落后甚至曚昧状态，进入繁荣昌盛的不易。作为个人，这是我们的幸运，虽然每个人力量绵薄，但是大家一起努力就能积水成潭、积沙成丘。

跨国公司的角色

跨国公司在中国改革开放中无疑扮演了重要的角色。除了带来先进的产品、科技、人才、管理和创新之外，无疑也带来了很多文化上的冲击。

以IBM为例，早期我们投入巨大的人力和物力向客户提供培训，把大型主机电脑提供给客户，单纯地只是"为中国制造"。在这一阶段，跨国公司将许多科技产品带到了中国；到了20世纪90年代，随着中国基础设施的不断完善，人才与管理经验的提升，IBM开始在中国成立合资工厂生产笔记本电脑甚至服务器，由此进入"在中国制造"阶段。在这一阶段，跨国公司把先进的生产技术带到了中国；进入21世纪，中国本地研发人才开始具备世界级的竞争力，IBM逐步在中国设立了多个研究机构，进入"与中国同创"阶段。在这个阶段，跨国公司将创新带到了中国。

1937年4月26日，IBM上海办事处首任总经理G.W.Baehne寄给IBM总裁老沃森（Watson.Sr）的信通过中美之间的第一架直达航空邮件航班送达。

IBM与中国的历史渊源颇深。早在20世纪20年代，IBM的产品就开始进入中国。1934年，IBM为北京协和医院安装了第一台商用制表机。两年后，IBM在上海设立了办事处。1937年，IBM副总裁兼总经理F.W. Nichol 从纽约向上海办事处打电话，这是历史上第一个从美国到中国的商务电话。因此，从某种意义上说，IBM进入中国的历史可以被视为中国与西方世界接轨这场持续展开的大历史中的一个小细节。

遗憾的是，20世纪三四十年代的战争和随后中国大地的巨变，打断了IBM在中国的脚步。等到IBM重新回到中国，已经是20世纪70年代。1971年4月10日，美国乒乓球代表团和一小批美国新闻记者来到了中国，成为自中华人民共和国成立后第一批获准进入中国国境的美国人。由此中美相互打开了大门。或许冥冥之中自有天意，这个代表团中的美国乒乓球队队长杰克·霍华德（Jack Howard）就是一位IBM的电脑工程师。杰克作为一位业余乒乓球爱好者，据说他的水平甚至不足以看清中国球员的发球，但却在"小球转大球"的中美外交上绽放了异彩。

随着中美关系解冻，IBM开始与中国的一些企业在业务层面有了接触。这个试探的过程历经几年时间，充满了谨慎与犹豫，也是一个重新认识的过程。1977年，机械工业部下属沈阳鼓风机厂终于签约购买了一台IBM系统370/138计算机，这也成为IBM在新中国的第一个计算机合约，为IBM重回中国这个全球最重要的新兴市场揭开了新的一页。中美正式建交以后，IBM开始正式派员工进入中国，1981年在北京设立代表处。

改革开放之初，中国正像一只饥饿的雄狮，对来自西方的资金、先进的技术和管理抱有强烈的学习兴趣。当时中国的IT产业相对薄弱，但是中国企业客户的刻苦与好学与所表现出来的进步，都让IBM的工作人员感到惊讶。而为了向中国出口当时IBM最大的机器，IBM也在获取出口许可方面付出了诸多努力。

在过去的40年中，IBM见证并参与了中国经济的迅猛发展。当中国工商银行第一次引入计算机时，每天用计算机算完一遍数据之后，还会再用算盘核一遍。这样的情形持续了一年多，直到发现计算机更加高效也更加准确时，算盘才正式退出舞台。然而谁能想到，只用了短短20多年，中国工商银行会成为"宇宙第一大行"。其实在中国金融业此后的快速崛起过程中，IBM有幸参与其中，为很多家中国的银行和金融机构提供IT技术服务，这种深厚的关系一直持续至今。

与中国同创

从2015年开始，面对云计算、大数据、人工智能带来的技术爆炸，IBM开始新一轮转型，从专注于硬件和软件服务的传统IT企业，转向成为一家以云计算为平台、认知计算为解决方案的行业应用公司。在此期间，我为IBM大中华区提出了"3+3"战略，包括三个战略支柱和三个战略支点。

三个战略支柱是再造核心业务、拓展新领域、推进新的成长计划。三个战略支点分别是信任、文化和简化，具体是要加深中国政府、合作伙伴、客户和员工对IBM的信任，聚焦文化凝聚力和人才发展战略，简化流程，倡导敏捷的工作方式。

这个战略实施三年以来，效果显著。IBM在中国重新激活了信心，业务上升势头强劲，并且与浪潮、中国电子、百洋等合作伙伴展开了深度合作，通过成立合资公司，把IBM具备优势的POWER服务器、Watson健康、Watson肿瘤等技术落地中国，服务中国的用户。

在中国改革开放40周年之际，我相信IBM未来在中国的机会依然巨大。1978年，中国的GDP只占世界GDP的4.9%，依然是一个贫穷而落后的现代大国。在过去40年里，中国年均GDP增长率曾超过9%，以这么高的速度、持续这么长时间的增长，堪称人类经济史上未曾有过的奇迹。在这个过程中，有7亿多人摆脱贫困，今天中国的城市人口比例接近60%，并且中国成为世界第一大出境旅游客源国。1978年中国汽车产量仅14.91万辆，而现在全世界每生产4辆汽车就有1辆是中国制造。这些几十年前都不敢想象的场景竟然已经成为了现实。

同时，我们也不能忽视在进一步转换经济增长模式时中国所面临的挑战：过去40年过度追求GDP增长所带来的负面效应日益显著，环境问题形势严峻，贫富差距拉大，未富先衰带来的老龄化危机风险给整个社会带来了很多焦虑的情绪，甚至有些人把这些问题归结为改革开放的后果。对此，我并不认同，我相信解决这些问题的出路依然在于坚持改革与开放。

展望未来，人工智能的时代已经近在眼前，科技将扮演更加重要的角色。可是，世界的不确定性似乎并没有减弱。中国与美国作为世界最大的发展中国家与发达国家，注定将要共同承担起领导世界的责任。对于矛盾乃至冲突，我们需要抱有求同存异的理解，去积极寻求合作的新姿势。过去40年的经验已经证明，只有坚持改革与开放，才能带来繁荣与发展，未来依然如此。这不仅仅是中国的经验，也是世界的经验。不论是个人、企业和国家，我们都应该做出自己的努力，去推动世界继续朝向这个方向前进。

光影做伴，与时代同行

文|王中军　华谊兄弟传媒股份有限公司创始人、董事长

2018年是改革开放的第40年，看到很多朋友都在分享这40年间中国社会各方面的突飞猛进，作为其中受益的一员，我也想谈谈我的感受。我觉得我们这一代企业家都很幸运，能成长于改革开放的大时代背景，小平同志提出来的这些大智慧的思想和方针，对我们这一代人的指引和帮助实在太大了。

1978年，我还是一个正在服役的战士，听到改革开放的时候，坦白讲并没有感觉到和自己有什么直接关系。1981年，我从部队转业到地方，进了国家物资总局，自此开始对整体经济有了一些了解。在国家物资总局那几年，我先在办公厅工作，后来又到出版社工作，其间亲眼看到了改革开放带来的一些变化，感受到整个社会都在萌动的那种创新活力。也正是因为受到这种活力的感召，我在1985年就离开了国家机关，开始"下海"创业。

对很多人来说，好像一提创业就一定是做一家企业、拿出个《商业策划书》到处去找投资，其实这是把创业想狭隘了。我觉得能找到一件自己真心喜欢而且对社会有意义的事

情，在其中投入的时间、精力能养活自己，而且能看到未来更好的发展希望，这就是创业。

我最初的创业理想就是成为一名以绘画、摄影为生的自由艺术家。我是学艺术出身，又赶上改革开放背景下人民对艺术审美和精神生活的需求高涨，所以创业还是蛮成功的，也迅速积累了一些财富。但是真正改变我一生的创业，还是在1994年，我从美国留学回国创立了华谊兄弟。所以改革开放40年，我和华谊兄弟真正投身发展大潮的时间其实是24年。在这24年里，华谊兄弟从一个不知名的广告公司，成为一家用作品说话、在整个中国文化产业中具有一定影响力的传媒公司，也是中国影视行业第一家上市公司，这是时代给予的机遇和荣誉。

我和很多企业家朋友聊天的时候都说过，回头看改革开放的这40年，我们都是时代浪潮里的幸运者。经济、文化体制变革带来了翻天覆地的变化，参与其中的人只要坚定、勇敢地往前走，都有机会创造价值、实现梦想，成为各个领域中的重要组成部分和推动者。

在市场层面，经济体制和相关政策的深化改革，让创新者有机遇、实干者有舞台。1994年，我回国创业做广告公司，正好赶上了深化金融改革。中国银行改为国有独资银行，招标设计统一标识，我带领华谊兄弟广告不断更新设计理念、全国各地跑制作厂商、一次又一次提案讲标，终于拿下了这个至关重要的单子，以这个项目为基础，后来我们还给国家电力、中石化和华夏银行等企业做过标识设计，3年后，华谊兄弟广告公司就进入了"中国十大广告公司"的行列。

20世纪90年代末，院线制改革、中影不再传统包销等一系列与影视相关的政策出台，中国的电影市场开始热闹起来，华谊兄弟也开始第一次谋求转型。1998年，华谊兄弟投资了冯小刚的《没完没了》，正式开启了电影业务，成为中国最早的民营影视公司。到2003年，电影制片行业对民营资本完全开放，影视生产格局被彻底改写，民营影视公司的生产热情被极大激发后，中国电影的全年产量从2002年的100部急速上升，这个数字到2017年已经变成了将近800部。华谊兄弟在那几年也是得到了突飞猛进的发展，成为中国产量最高、票房最好的民营影视公司。

行业有了做大做强的机会，企业可以做的事也越来越多。在电影业务快速发展的同时，华谊兄弟开始进入全面布局的新阶段，成立了国内第一家专业艺人经纪公司，进入音乐唱片、电视剧等领域，同时也在不断拓展海外电影市场。2009年，在创业板上市之后，华谊兄弟有了进一步扩大业务格局的机遇，先后拓展了互联网娱乐、实景娱乐等业务板块，也由此开始逐步完善了"内容+渠道+衍生"的全产业链布局。2014年，我们的第一个电影小镇在海口开业，现在已经是海口最重要的旅游目的地，年游客数量突破200万人次；2018年，苏州电影世界也正式开园了，这是华谊兄弟旗下的第一个主题公园项目，也是中国第一个以自有华语电影IP打造的实景娱乐项目。这不仅是华谊兄弟在业务层面的阶段性胜利，更是中国电影行业和中国文旅融合的里程碑式进展。

在文化层面，体制改革和解放思想，给社会创造了活跃的文化氛围、繁荣的文化土壤。改革开放40年间，社会文化的快速发展最直接的反映就是文化产品种类和数量的极大增长，影视、文学、音乐、舞蹈和美术等各个门类，都成为丰富人民精神文明生活的重要元素。尤其是影视，人民日益增长的文化需求，推动整个影视行业跑步前进，电影更逐步成为人们娱乐生活中不可或缺的一部分。

在这个过程中，对于华谊兄弟这样一个以影视创作为根基的企业来说，优势更加明显。到今天，华谊兄弟已经推出了100多部电影作品，给几代观众带去了深刻的电影记忆；电影总票房逾200亿元，也是商业成绩最好的民营影视公司。其实这二十几年大浪淘沙，很多最开始的同行者早已退出了舞台，华谊兄弟却可以一路走下来，甚至不断在推动影视行业的发展。有人问这是为什么？我想，一是把握住了时代机遇，二是因为初心没变，始终把做好内容作为第一要务。

陈东升总当年提出"92派"这个概念的时候，把我也算进了"92派"。这一代企业家都是先在国家机关工作，然后很早就"下海"自己闯荡，借着改革的春风加上坚韧和努力，终于有所成就。所以我们发自内心地感恩这个时代，也更理解自己的企业所应承担的社会责任。

华谊兄弟作为中国最早成立的民营影视公司，也是改革开放浪潮中发展起来的最具代表性的文化企业。一方面，我们所承载的文化使命是要时刻铭记的，传承优秀传统文化、打造精品时代文化，同时以电影为载体，向世界传播中华文化，这些都是要花毕生精力去为之努力的。另一方面，无论企业还是企业家个人，都有义务找到适合自己的方式去回馈社会。从2011年开始，很多朋友会来买我的画，我会直接把款项打给华谊兄弟公益基金，以公益基金名义给全国的贫困山区小学、打工子弟小学捐建"零钱电影院"，让更多孩子有机会看电影、听音乐、学画画，丰富精神生活、启迪创造力，在力所能及的范围内提倡和践行教育公平。到今天，我们已经在全国捐建了120余所零钱电影院。2017年，我们做了一次对零钱电影院所在小学的校长培训，请来了100多位偏远山区、贫困地区的校长，其中很多校长都是第一次来北京，他们拍了很多的照片，要回去给山里的孩子们看看北京的样子。我们所做的事情，就是要给这些孩子们点燃一点改变未来的希望和可能，我们也会把这项公益持续不断地做下去，而且做得更好。

经常有人问我，华谊兄弟的未来会是什么样的，坦白讲，这个事其实很难想象。因为时代一直在发展进步，我很难描述一个准确的未来状态，但我觉得不管怎样，华谊兄弟的立足根本肯定还是不断创作优质的内容。我希望能把"华谊兄弟"这个品牌打造成一个"百年老店"、一个能在国际舞台上代表中国文娱产业说话的民族品牌。

我与时尚走过这些年

文 | 刘　江　时尚集团董事长

这是写给改革开放40年的一封信，也是写给过去40年往事的一封信。感谢亚布力论坛让我得以完整而生动地回顾生命中的这一段时光，而我和时尚集团的历程则正好是这段时光里有代表性的一个故事。

我2018年31公岁。

性别：男。

看上去并不怎么时尚。

我成长于京郊一个普通的工人家庭，经历了"文化大革命"、插队、高考、教书、社会招聘考入报社、再辞职"下海"创业这些时代特有的历程。党的十一届三中全会召开的时候，我还在读书，是个常常熬夜写诗的文学青年。后来，我成为一名中学老师，在5年的时间里默默教书育人，再后来，我来到《中国旅游报》当了8年记者。

1992年邓小平的南方谈话点燃了我心中的梦想，我和同伴儿一拍即合，放弃了机关工作，向报社借了20万元，租了一个

小四合院就开始办公了。就这样，我"下海"了。初心非常简单：只想办一本全中国最好的杂志。在其他杂志还是几毛钱一本的时候，我们定价10块钱，熬过最初几个月的难关后杂志开始逐渐畅销，广告也蜂拥而至。

忆往昔峥嵘岁月稠，这个阶段应该叫作：白手起家，芳华初现。

接下来，我们进入势如破竹的阶段，几乎每年都创办一本新的杂志，在各个细分领域攻城略地，成立合资企业，购买国际版权，构建出版人制度，编、广、发、市四轮驱动，设定"四不原则"，总之，创造了行业内外的诸多第一。

一路走到今天，经历很多，看到很多精彩，也很享受这段奋斗和成长。改革开放进入40周年，时尚集团也迎来了成立25周年。而今，是党的十九大之后民族伟大复兴的新时代，在这个节点我感慨良多，也感到再次出发的兴奋！

先告诉大家一些数据。

这25年来，时尚从一本杂志成长到十几本品牌刊物，又逐步实现内容的全面数字化转型及社群化过渡，内容生产、平台分发、社交矩阵、商业变现的业务链日渐清晰。2017年度集团新媒体业务收入同比增长率近70%，新媒体每月生产超过5000篇原创高质量生活方式内容，这些精彩的原创内容通过各类客户端分发渠道影响着1.2亿的浏览用户和近7000万的订阅用户，更有2500万用户能够看到我们精彩丰富的视频内容。与此同时，年内时尚举办线下活动近100场，累计参与人数9000多万人，颁发奖项119个。在公益环保和慈善领域的贡献坚持了15年以上。这些实实在在的事迹背后，是我们植根于内容的时尚观点、品牌文化、人文思想和美学感知。

谁都知道媒体正在经历的挑战，但作为生活方式媒体，高品质的内容永远不会消失，科技创新恰恰给了"内容+服务"更为广阔的发展空间。我们当年选择"trends"这个词汇，和用"逗号"作为logo，就是要表达在趋势中积极的生活态度和勇于领先的信念。

今天，时尚曾经影响和正在影响的人群结构发生了巨大变化，我们的受众跨越了从20世纪90年代正值青春岁月的60后，到今天走上历史舞台的90后、00后。这宣告了今天和未来时尚所要面对的新生代生活方式的全面崛起和转型。

在这25年的创业经历中，我在精神上的满足和自我实现远远超过了对个人财富的在意和追求。我相信生命的意义在于感知，人因为精神的辽阔而自由，企业家由于创造独特而进步的价值而完成自我实现。文化类公司最大的价值是对文化本身的尊重和坚守；这个坚守来自头脑聪明且内心最敏感多情的一群人在探索和实践对于生命意义的向往。

因此，最后我想说的是，伴随企业家一生的使命，是在

不同的时代和机遇下，自身价值观的不断进化和能力重装。

改革开放40年，时尚走过25年，创业的时候，我是一个喜爱诗歌和有单纯梦想的年轻人，今天我是肩负社会责任的"企业家"。今天我考虑更多、备感压力的是如何让员工为自己从事的职业而自豪，如何从社会出发，利用自己企业的资源、经验和人才，为社会塑造出先进的更具人文关怀的商业文明。

"人行天地间，忽如远行客。"我们都趋行在人生这个亘古的旅程中，在挫折中涅槃，把失败和遗憾飘洒在身后。我们累，但从未停步；我们责任重大，却从未回避。

我喜欢这句诗的意境，我用这句诗向你、向每一个有梦想、爱时尚的人致敬，向国家的昌盛和进步致敬。

我的创业回忆录

文 | 张红梅　阳光印网董事长、CEO

21世纪始于中国的1978年。

——马丁·雅克

那一年开始，中国从一个经济总量只有全球1.8%的微不足道的贫穷国，到如今成为全球第二大经济体，经济总量在全球的份额达到14.8%。

大鹏一日同风起，扶摇直上九万里。在这个弥足珍贵的40年间，中国不仅解决了土地制度改革、经济腾飞、脱贫致富、科学技术取得巨大进步、国际地位和威信提高，同时也在教育、医疗、新农村建设、和谐社会建设，都取得了卓越的成绩。

站在2018年这个特殊的时间节点上，回顾过往的40年，无论是从个人层面，还是从跟随改革浪潮创业的层面，都有颇多感触。

忆往昔，1978年"联产承包责任制"的实行，拉开了中国改革开放的大幕，正发生在我的家乡安徽；改革的春风洗礼着中华大地，也熏陶着我的少年和青年时光。20世纪80年代末，身在大学校园中的我，早早就有了接触商业的机会，如果没有改革开放的新思潮，当年我在安徽大学湖畔开办的第一个校园咖啡馆，就根本没有机会发生；而90年代初，刚刚大学毕业的我，更不会放弃"铁饭碗"，从此投奔商海；改变整个人生轨迹，则更无从说起。

也许这就是冥冥之中的注定，改革开放的脉搏，一直伴随着我在大学校园中初尝商业、90年代初"下海"、三次创业、互联网跨界转型等重要的人生阶段，而这段旅程，一走竟已是近30年。

躬逢其盛，紧跟时代背景创业

如1991年诺贝尔经济学奖得主罗纳德·科斯在《变革中国》一书中所说，1978年中国的改革开放是"二战"以后人类历史上最为成功的经济改革运动。

祖国的强大最终使全体人民受益，也使创业者这一群体深刻受益。作为一名伴随着改革开放成长，从90年代就投身商海的创业者，我有幸跟住了改革开放的步伐，随着商海浮沉，体会到其间的沧桑巨变。

从创业公司的角度来看改革开放，从印刷厂到互联网印刷平台，是改革开放中后期的产物。在印刷这个产业的角度看，我们从印刷机轰鸣的车间生产，过渡到了把冗余产能放到互联网平台上共享，是多么不可思议的事。

但这并没有成为"拦路虎"。"改革开放胆子要大一些，敢于试验，不能像小脚女人一样。看准了的，就大胆地试，大胆地闯。"邓小平同志南方谈话在当时鼓舞了一代人去创造和发现，去实现理想。机关干部、知识分子、国企人员和大批青年涌入"下海"经商的队伍。其中就包括我。

一个在深圳印刷厂打工的暑假，我第一个月就签下了20万元的订单，拿到了8000元奖金，而当时一个大学老师一个月的工资才100元，从此让我对经商产生了强烈的好奇心。短暂挣扎后，我选择放弃大学老师的工作，留在深圳。我骨子里天生的不安分，在90年代初改革开放的最前沿阵地，找到了它施展拳脚的乐园。

像很多创业者一样，我怀着极大的热情努力投入改革开放的热潮中。我第一次创办的印刷公司，很快就成为20世纪90年代末的广东"四小龙"企业，一年产值达到数亿元。这10多年间，在改革开放的前沿阵地，市场需求的极大释放为企业的快速发展提供了最坚实的基础。这种增长一直持续了10年。

在传统行业里待了很久之后，我跳出来拓宽视野、审视自己。在研究完国企改制文件后，我开始了第二次创业，这一次我选择了投行，走上资产处置之路。

与传统行业相比，第二次可谓是"豪华创业"，我的公司也成长为金牌交易机构。此时，正是激活国有资本活力、更好适应市场化、国际化要求及提高经济效益和社会效益的10年，同时也是中国现代金融市场固本清源和开拓创新的阶段。在北京CBD的风生水起见证了国有资本的再次崛起和金融业的兴盛。

摸着石头过河，改革开放引领趋势

但发展之路并不总是一帆风顺的，特别是成长中的经济体，仍面临很长时间摸着石头过河的阶段。

20世纪末以来，互联网加速发展并逐步成为全球性的趋势。在国内，从门户网站萌芽、壮大，很快也遭遇了互联网泡沫，此后的"三巨头"崛起，再到2013年移动互联网的入口之争，引发了中国互联网的消费互联网高潮。

我在2011年创办了第一家互联网印刷平台。那时，所有人都瞄准了2C的消费互联网赛道，消费者也很享受O2O等带来的各种便利。而当时创办一家互联网印刷公司，并没有得到太多关注。真正产业互联网领域春天的到来，则晚了数年。

我一直坚持认为，打造一个阳光、透明、高效的互联网印刷平台，一定是大有前景、大有可为的好生意。熟悉我的人都知道，在更早的时候，我就曾在香港和深圳试探性地做过一次网络印刷的尝试，但由于当时的带宽不成熟，在线支付方式也还没有出现，这个缺少支付系统的平台在两年后以失败告终。然而，也正是由于这样一次尝试，在产业互联网条件快速成熟之后，我可以迅速捕捉机会直奔主题。

互联网还教会我新的思维方式。我们在传统印刷模式和互联网技术之间不断探索实践，深入浅出，利用"互联网+"

来激活传统印刷业，依托强大的技术支撑取代了过去"靠刷脸接订单"的旧套路；互联网技术支持我们把95%的工夫放在后台的标准化、流程再造，这样打造出来的体系就是做到"流程控""去人化"；建立一个全新的SaaS企采管理系统，让企业定制采购更透明、定制服务不再烦琐，让供应厂商的资产闲置率降低，让整个产业采购成本更低，是与这个互联网时代更匹配的生产方式。而现在，互联网技术的不断提升，使得这些愿景得以一一实现。

始于印刷，而不止于印刷。努力奋斗，不忘初心，为了实现企业的"降本增效"，化解传统行业供给侧难题，互联网的高效运作，帮助我们实现了"企业级共享经济"的尝试，并赋能于商务印刷、包装耗材、新零售开店、礼品、品牌电子产品、服装、创意设计这7大领域，将互联网思维扩散到更多、更广的业务范畴之中，为越来越多的企业、行业服务，最终实现共同发展。

随着人工智能技术的提升，未来我们企业的服务也将向着更加智能、高效的方向发展。我们布局"互联网服务平台+智能工厂"新生态，发力AI、工业机器人、供应链等前沿科技，加速传统产业变革，助力生产型企业的信息化转型，努力成为全行业最具代表性的产业数字化转型先行者。

一直以来，无论是商业环境的包容，还是互联网技术的飞速发展，其背后无不以改革开放为强大的背景。作为过去40年改革节拍的延续，中国还将坚定不移地发展开放型世界经济，"一带一路"的壮美画卷也成为中国履行一个世界经济大国职责的路线图。在这个互联网和人工智能席卷而来的时代，我们这些互联网的创业者，躬逢其盛，也将共同砥砺前行。

加入新征程，将改革进行到底

"改革开放是决定当代中国命运的关键一招，也是决定实现'两个一百年'奋斗目标、实现中华民族伟大复兴的关键一招。"习近平主席指明了全面深化改革的历史方位。

40年来，中国人民始终与时俱进、一往无前，充分显示了中国力量。新的起点，新的征程，要实现中华民族伟大复兴的中国梦，要保持中华民族保持强大的生命力，我们还有很长的路要走。对此，习近平主席也向世界宣言："我们要以庆祝改革开放40周年为契机，逢山开路，遇水架桥，将改革进行到底。"

新征程的号角已经鸣响，我们这些伴随着改革开放成长的一代民营企业家，也将与时俱进，在新时代的乐章中奏出属于自己的音符。

拥抱新时代　创业再出发

文 | 姜　明　天明集团创始人，董事长

作为中国民营企业家群体的一棵小草，我始终认为，个人命运永远与国家命运、时代命运紧密相连，三者是不可分割的命运共同体。只有将个人梦想融入中华民族伟大复兴的中国梦当中，才能获得更加广阔的发展空间！

1966年，我出生于大别山区信阳市固始县蒋集镇一个贫穷的工人家庭。时代塑造了我们这代人的信念与信仰、人生观和价值观。那时候的中国刚刚走出自然灾害的困境，又经历了"文化大革命"的动荡，见得最多的是各种各样的票证。人民的物质生活极度匮乏，一根冰棍儿已是奢侈。印象里周围

的一切都是红色的：红旗、红小兵、红袖标、红领巾、红宝书……红色的革命精神激励我们、教育我们、影响我们，所以我们这代人骨子里崇尚革命英雄主义，格外能吃苦、格外敢担当！

还记得我7岁时，爷爷奶奶为了生计，就悄悄包点饺子卖。每天天不亮，我都要先帮奶奶包一锅饺子，再去上学。有时候饺子刚包好就被"市管会"没收，奶奶为此被扣上"投机倒把"的帽子，常被"请"去接受"教育学习"。现在想来，那个时候经营的意识就在我心里发了芽。9岁时，我和爷爷一起拉平板车送石头到县城，再从县城拉粮食回来。满满的一车，一来一回50多公里，脚上磨出血泡，肩膀上勒出红印子。12岁时，我一个人从老家蒋集镇，扛着比自己身体还重的100斤大米、20斤棉花，转了5次车，走了500多公里，到了父母工作的焦作市马村区九里山办事处北街。如果说吃苦是企业家精神的基因，那么担当是企业家精神的特质，儿时的生活经历在我骨子里埋下了吃大苦、耐大劳、不服输、敢担当的种子，也为我日后的创业打下了基础。

1978年，党的十一届三中全会召开。改革开放从一个小渔村深圳开始星火燎原。很多人都想不到40年后的中国会有如此翻天覆地的变化：40年前的小渔村深圳其2017年的经济总量超越了国际大都市"东方之珠"香港。

1984年，党的十二届三中全会召开。国家改革的重点从农村转向城市，开始了激动人心的全面改革。此时19岁的我来到省会郑州上大学，看到了更广阔的世界，开始听到联想柳传志、海尔张瑞敏、万科王石的创业故事。这一年可谓当代中国企业元年，因此他们被称为"84派"企业家。

1987年，党的十三大胜利召开。那年我21岁，刚大学毕业，是我们那一届唯一一个分配到河南省体委机关的人，捧上了"金饭碗"。大家都说姜明同学家里一定有背景，为姜明的分配跑了关系。我笑笑说：我是在跑，从进校门的第一天起，我就通过我的成绩和在校表现为我的分配在"跑"。

1992年，邓小平同志南方谈话激发了全国人民创业的热情。田源、陈东升、胡葆森、冯仑等一大批拥有杰出胆识和魄力、具有冒险和创新精神的知识分子纷纷跳出体制，成为时代的开拓者、改革的试水者，因此被称为"92派"企业家。

改革开放日新月异的变化，给了我很大触动，我时常在想：一个人来到世上，就应该做一点对这个世界和人类有益的事情。这一想法激发不满27岁的我乘着邓小平同志南方谈话的东风，满怀着一腔热血，决定辞去公职投身商海大潮。在那个"学而优则仕"的年代，消息一传出，父母家人、亲戚朋友、领导同事都感到很震惊，劝我慎重考虑。最终，我说服家人，毅然决然地放弃了自己的"金饭碗"，加入了"92派"创业大军，成为河南省直机关第一个辞职"下海"的公务员。

1993年6月18日，我创办天明广告。创立伊始，我就提出"创百年天明老字号"的愿景和目标。那时，我全部家当只有1万元，借钱花3万元在《河南日报》发布15厘米的套红通栏广告。现在看来，当年那种无所畏惧的魄力大概就是我的冒险精神吧！

当时，郑州的广告公司有200多家，业界并没有把"天明广告"放在眼里，觉得我们只能接一些大公司挑剩下的活儿。因此激发出我的斗志，提出了"天明广告，全超独俏"的经营理念，给自己定下了："用三年时间跻身河南广告业三强，六年做到第一"的目标。在天明人的努力下，仅用一年半的时间，天明广告就跃居河南广告行业"头把交椅"！这种不甘落后、勇争第一的企业家精神，一直到今天依然是我和天明人不懈的追求！

1998年，我有幸结识了李嘉诚先生，并与其旗下的TOM集团合作，这使我学习到了很多先进的企业经营管理理念，也更加理解李嘉诚先生为什么能够成为世界华人首富。学习是企业家精神的关键，向优秀的人学习，与优秀的人合作，让自己和天明人永远前行在进步的路上！

作为一名创业26年的企业工作者，我有幸连任第十、十一、十二、十三届全国人大代表，有幸当选为"优秀中国特色社会主义事业建设者"！天明获得了全国"万企帮万村"100强荣誉，有幸得到习近平总书记的回信鼓励。在做好自己企业的同时，我也始终关注中国民营企业家群体的健康成

长和健康发展，每年在全国"两会"上都为民营企业家群体发声。

1999年，中国迎来了互联网创业热潮，全面改革吸引了一大批"海归"科技人才回国创业，成就了以马云、马化腾、李彦宏、张朝阳为代表的"99派"企业家。我作为《中国企业

家》杂志的总发行人，与刘东华社长、牛文文总编辑一起经营《中国企业家》杂志；并于2002年共同发起创办了"中国企业领袖年会"，至今已连续成功举办了17届，成为凝聚企业家精神、展现企业家个性的年度盛会。

2001年，我第一次参加第二届亚布力论坛。此后每年我都来参会，除非身在国外无法参加，每次都受益匪浅！由田源主席、陈东升理事长发起创办的亚布力论坛秉持"平等、民主、自由"，让我们中国企业家群体拥有了一个属于自己的思想交流空间！亚布力论坛至今已举办18届，是当今中国乃至全球最具影响力的企业家组织、最活跃的企业家思想交流平台之一。

2013年3月7日，在第十二届全国人大第一次会议上，我提出了关于《呼吁以党中央国务院名义适时召开全国企业家大会》的建议，得到国务院有关部门的肯定和回复，表示"将在合适的时间，召开中国企业家大会"。

同年，我与郭广昌等人一起参与捐赠CEI中国企业研究所。CEI中国企业研究所是由王维嘉、吴鹰、邓锋、丁健和张树新五人发起的慈善公益组织，致力于保护私有财产，捍卫市场经济，建设法治国家。

2014年3月8日，在第十二届全国人大第二次会议上，我与其他35名全国人大代表联合署名提出《关于集资诈骗罪废除死刑的议案》。2015年8月25日，第十二届全国人大常委会第十六次会议正式表决通过废除集资诈骗罪等9个死刑罪名，被中国金融博物馆王巍理事长认为是中国民营企业家的一件大事，作为该博物馆的永久展示内容。

2015年，我响应党中央国务院关于"大众创业　万众创新"的号召，让自己一切归零、二次创业，致力于打造中国领先的"双创"服务生态，让创业更容易，助创客更成功！2015年12月12日，在河南郑州发起举办"首届中国创客领袖大会暨双12中国创客日揭幕仪式"，在全社会引起强烈反响。已连续举办三届的"中国创客领袖大会"，得到了国家、省市各级领导的关心和支持。

王石、田源、陈东升、张磊、沈南鹏、俞敏洪、胡葆森、冯仑、王维嘉、徐小平、施一公、刘爽、杨澜、盛希泰、毛大庆、廖杰远等30余位著名企业家和知名人士亲临现场或发视频祝贺。大会共吸引了来自全国的4100余名创客精英参加，全国各地200余家媒体给予了报道，累计直播观看超过1500万人次，新闻点击量累积超7.3亿。"中国创客领袖大会"这一"双创IP"受到创投界越来越多的关注，被人民网、新华网、凤凰网、今日头条、一点资讯等媒体及创投圈誉为"中国创投界的奥斯卡"，成为继"全国大众创业 万众创新活动周"之后，中国"双创"最有影响力的大会之一！

2015年，在"大众创业 万众创新"浪潮中，涌现出了以滴滴程维、美团王兴、今日头条张一鸣为代表的"15派"企业家。我也很荣幸地被田源主席称为"92派中的15派"企业家。

同年，我发起了全球青年豫商领袖成长论坛，已连续举办四届，评选出40位青年豫商先锋人物。我寄语青年先锋人物并与大家共勉："今日先锋人物、明日商界领袖""与其仰望太阳，不如自己发光；与其取悦别人，不如自己强大"。

回顾改革开放40年，民营企业家是参与者、推动者，更是见证者、受益者，唯有不忘初心，心怀感恩！感恩祖国！感恩时代！

感恩改革开放的好政策，孕育了民营企业家这个群体！改革开放40年的历史，就是一部民营企业家的成长发展史！从计划经济时期的"0"私营企业，到2017年的2800多万家民营企业，诞生了华为、阿里巴巴、腾讯、百度、小米、京东、美团、滴滴、复星等一批具有世界影响力的标杆企业，16家民营企业入围世界500强，其中阿里巴巴、腾讯位列全球市值最高公司十强。

2017年中国经济总量占世界的比重由39年前的1.8%增长到14.8%，成为世界第二大经济体。普华永道经济研究报告指出：2030年，我国经济总量将达176万亿元，有望超越美国，一跃成为世界第一大经济体。

感恩新时代，感恩党和国家给予民营企业家前所未有的关心和重视。

所谓"士农工商"，历史上中国商人的地位一直是比较低的。从20世纪70年代的"投机倒把"到80年代的"个体户"再到今天的"企业家"；从原来的"学而优则仕"到今天的"学而优则创"，称谓的变化反映的是企业家社会地位的变化！

从"傻子瓜子事件"到"温州模式"，中国出现了超过

10万个体工商企业的创业小高潮；到"邓小平南方视察""非公有制经济"被写入《中华人民共和国宪法》，私人企业真正在法律意义上得到允许……

2017年9月25日颁发的《中共中央、国务院关于营造企业家健康成长环境弘扬优秀企业家精神更好发挥企业家作用的意见》，是党中央首次以专门文件明确企业家精神的地位和价值。通篇贯穿着党中央对企业家群体的关心和爱护，特别是旗帜鲜明地指出"要营造保护企业家合法权益的法治环境，要依法保护企业家财产权"，历史性地肯定了企业家地位。

特别是2018年11月1日，习近平总书记在民营企业家座谈会上提出：民营企业和民营企业家是我们自己人。我国民营经济只能壮大、不能弱化，不仅不能"离场"，而且要走向更加广阔的舞台，努力把企业做强、做优。习近平总书记的讲话极大地鼓舞了民营企业，给民营企业家吃了定心丸、打了强心针。让我们民营企业家更加坚定地听党话、跟党走，以实际行动落实习近平总书记提出的："做爱国敬业、守法经营、创业创新、回报社会的表率和践行'亲清'新型政商关系的典范""心无旁骛创新创造，踏踏实实办好企业"！

2018年是改革开放40周年，也是天明创业26周年。新时代，新天明！立鸿鹄志，做奋斗者！天明人以匠人匠心的精神、脚踏实地的行动把传媒、城建、投资、双创、健康和实业六个版块做强、做优；把中国创客领袖大会一年一年持续办好，助力打造中国双创升级版，跑出中国创新加速度；把天明中医健康主业做好，让有华人的地方就有天明中医馆，让工作更有精神、生活更有质量、生命更有长度，把"昔日开封八朝古都"打造成"明日世界中医之都"；复兴具有60余年历史的河南老字号民权葡萄酒，让"老家河南 红酒民权"响誉全国!

我坚信:人在干,天在看,举头三尺有神明;苦心人,天不负,做事者,天来助!按照习近平总书记的要求,"山再高往上攀,总能登顶!路再长走下去,定能到达!"

2049年,中华人民共和国建国100周年,也是天明创立56周年,天明的综合实力要力争进入河南省前三、中国100强、世界500强!天明人要为中原更加出彩、为实现"两个100年"的奋斗目标和中华民族伟大复兴的中国梦甘做一粒沙、甘当一滴水,做出天明集团的一点贡献!

心诚则灵,有志则成。越努力,越幸运;越感恩,越好运!

感恩祖国!拥抱新时代!

撸起袖子!创业再出发!

与数字化中国一起腾"云"驾"物"

文｜李　强　SAP全球高级副总裁，中国区总经理

去西北看黄河，不少人都会觉得美景尽在"九曲十八弯"。历史的发展也往往是在时代的转折处，最是波澜壮阔。经过改革开放40年的发展，中国一跃成为全球第二大经济体。中国政府的经济发展理念，逐渐向推动产业转型升级，朝着将实体经济做实、做强、做优的"高质量发展"的方向转变。与之相呼应的是，作为推动实体经济发展的重要手段，中国企业运用信息化技术的力度和水平，在过去的40年里也取得了巨大的进步。

随着以云计算、物联网、人工智能为代表的一系列新技术的兴起，那些多年以来被各个行业所熟悉的创造价值的范式，正在逐渐被重构。越来越多的中国企业，开始将"数字化"和"创新"这两大主题置于经营和战略的核心地位。作为一名在全球500强外企里锻炼成长起来的本土高管，因为工作的关系，我在过去的十几年里一直在为中国顶尖的优秀企业提供新兴技术和服务，亲历了这些企业波澜壮阔的发展历程，对

此深有感触。

1992年：从企业信息化软件中学习内嵌的国外企业先进管理经验

1992年，是中国改革开放历程中承前启后的一年。邓小平同志南方谈话明确了中国改革开放的发展方向，市场经济体制改革和国有企业改制均得到了快速推进。制度的创新释放了国有企业的内在活力，先行的探索者开始将目光投向国际化管理的理念。就在这一年，上海机床厂利用世界银行贷款，从美国和德国引进先进的机床技术和企业资源管理ERP系统，进行企业的现代化升级与改造，成为最早利用ERP提升管理的中国企业之一。

在邓小平同志南方谈话后的第二年，刚刚成立两年的合资企业一汽大众，为了尽快学习和掌握德国汽车工业标准，与德国大众总部同步选择了相同版本的ERP系统，开启了中国汽

车工业迈向国际化信息管理的大门。1993年，中共中央开始设立国家信息化工作领导小组，组建信息产业部，中国的信息化产业政策转向了全面建章立制阶段。

在接下来的近10年时间里，中国市场上涌现了一大批释放了活力的企业，它们迫切地希望通过使用先进的系统，学习内嵌在当中的全球标杆企业正在使用的管理经验，达到快速成长的目标。当时的这一批具有前瞻性的企业，如上汽、海尔、联想、中石化等，都成为最早的一批行业信息化标杆，被业界广为借鉴和宣传。如今，它们都已经在全球范围成为各自领域的佼佼者。

2001年：全球化推动中国企业的管理蓬勃发展与国际化接轨

2001年，中国加入世贸组织，帮助中国企业抓住了全球化浪潮下技术扩散和产业转移的战略机遇，标志着中国的产业对外开放进入了一个全新的阶段。民营经济和市场经济由此获得了大发展，创造了经济持续高速增长的"中国奇迹"。在这一时期里，一大批日后成为建设"大国重器"的企业，如中车、中核、徐工和上海电气以及一大批日后蓬勃发展的民企，如吉利、长城、苏宁和三一，都纷纷开启了它们的管理信息化旅程。

在这个时期发展起来的中国企业，开始将管理信息化视为提升企业效率的关键手段，客户相应的投资决策也开始与国际规范靠拢。随着改革开放所带来的巨大市场变化，无论是国企还是民企，都开始逐步意识到信息化对于企业竞争的重要意义。企业不再只是满足于从系统中进行学习和借鉴，而是需要更加紧密地将其融入企业自身发展战略当中，如集团化、多元化、全球化、精益生产等。于是，信息系统的成本、效率、价值、速度、服务、发展性等因素开始进入决策者的视野，代表着这些企业从意识深处开始与国际逐步接轨。在这一阶段，前期进入中国市场的跨国IT公司，业务均得到了迅速发展，并加快了本地化的进程。

今天在全球PC市场上叱咤风云的联想，是这一阶段通过信息化推动全球化企业战略的最有代表性的企业之一。2000年前后，联想集团尽管已经成功地发展成为拥有近万员工的大型IT集团，但是内部孤岛式的信息管理系统，却成为企业发展的"瓶颈"，难以帮助企业应对国际巨头的竞争。这种企业的业务规模与信息化管理水平之间的落差，是当时中国企业快速发展的一个典型缩影。2000年，联想决定引入ERP系统，全面提高管理水平。联想在实施ERP项目上的经验，对于当时在中国期待着管理突破的传统企业而言是一笔非常宝贵的财富。柳传志的那句名言："不上ERP等死，上了ERP找死。"这真实地反映了当时企业管理者复杂的心态以及毅然决然走向规范化、国际化管理的决心。

2010年：创新驱动的中国逐渐成为数字经济全球领先者

2010年，以华为、联想、BAT为代表的一批中国民营和新兴企业的翘楚，在生产规模、业态创新和市场应用等方面，逐渐走入世界"第一阵营"。2012年，华为成为全球最大的通信

设备制造商之一。随着市场地位的变化，华为引入高性能计算平台，在数字化层面支撑华为全球化发展和创新。

这一时期的中国企业，早已不再满足于从软件中学习国外企业的先进流程，并与国际化接轨，而是要在不断追求创新、追求"弯道超车"的过程中实现企业的差异化优势，在全球化竞争中取得领先地位。

在华为创新业务突飞猛进的背后，代表着中国经济进入到了一个新的结构升级和动力转换的阶段。成熟起来的中国企业，越来越重视通过数字化转型和创新以实现企业的竞争优势。在这一时期，一批如广州立白、蒙牛集团、国美电器、广汇汽车等企业，积极运用数字化手段，以客户驱动为创新力来源，将数字化转型的边界从内部扩展到价值网络上，为提高企业绩效提供巨大潜力。IT驱动的数字化转型助力中国企业从"以利润换市场"到"以实力和服务赢市场"转变，不断向产业价值链高端攀升，以更加自信和成熟的姿态参与全球竞争。

2015年：新一轮建设智慧企业的浪潮揭开序幕

进入到2015年，数字化技术在各行各业的应用明显进入加速普及期。德国"工业4.0"、美国"工业互联网"以及"中国制造2025"战略的先后出台，引发了云计算、物联网、大数据和人工智能技术的广泛应用。惊人数量的数据正在不断地被产生和搜集，成为数字化时代的"钢筋与水泥"。几乎在每一个行业里，都有中国客户提出同样的问题——"在获取了这些数据之后，如何将它们及时转换为企业的智慧，快速产出与投资相匹配的价值"。这一转变，代表着中国企业正在从建设"数字化企业"，迅速向建设"智慧企业"的新阶段迈进。

2015年，国内著名的内燃机生产商广西玉柴集团正式决定开展智能制造信息化数字化项目集群建设。通过这个项目，玉柴集团力求打造发动机行业的工业4.0标杆，进一步巩固和提升差异化竞争优势。从数字化转型技术在内燃机行业的应用实践可以看出，全球新一轮数字化浪潮正在揭开序幕。无论是发达国家的"再工业化"战略，还是"中国制造2025"，都是要推动新一代信息技术与实体经济融合、制造与服务的融合，发展智能制造和智能服务，提升综合竞争力。中国必须要抓住赶超发展的历史机遇，将应用数字技术的客户群体从原来的消费领域和信息技术领域，快速推进到与国民经济规模相对应的装备和高科技制造等领域。

在玉柴集团等一批制造企业实施智能制造的第二年，国务院印发了《关于积极推进"互联网+"行动的指导意见》

和《中国制造2025》发展规划，开启了互联网+实体经济融合
的新时代。我国数字经济从消费互联网逐步向工业互联网转
变，以人工智能、机器学习、工业物联网为代表的技术得到蓬
勃的发展和应用。这一时期，振华重工、中集集团、中信戴
卡、小米科技、华大基因、名创优品、海康威视等企业，在生
产方式、产业形态和商业模式等方面积极探索，开启了新一轮
数字化转型的步伐。中国企业与国外企业逐渐站到了创新与竞
争的同一起跑线上。

　　当前，数字化技术出现了向云端加速迁移的趋势。云计
算日益成为承载和应用数字化技术的基础设施，在成本不断下
降的同时功能日益强大，成为确保实体经济保持核心竞争力的
重要手段。中国作为全球份额最大、工业链条最完整的制造业
大国之一，在应用数字化技术上，有着巨大的发展潜力和红利
空间。企业应用软件厂商充分与客户进行联合创新，将成为
推动中国数字化转型与创新的新模式，并向着对全球输出解
决方案的方向发展。与此同时，在"一带一路"倡议的实施

和"数字丝绸之路"路线的指引下,这一进程正在被推动和加快。

展望

40年历程,风景万千。中国的改革开放,为中国企业实现创新发展带来了前所未有的历史机遇。而作为见证者和参与者,SAP在植根中国的20多年当中,在助力中国企业走向世界、不断壮大的历程中,也见证了中国改革开放不同阶段的发展,尤其是经济的腾飞。同时,通过与本地合作伙伴协作共赢,我们在助力中国企业加速数字化转型的过程中,也实现了自身的快速发展。

随着中国经济转向高质量发展阶段和"一带一路"倡议的落地,中外企业将能在"一带一路"国际合作平台下更好地推动数字经济合作和一体化发展,推动绿色、低碳、可持续发展的经济发展方式。在改革开放40周年新的历史起点上,我相信,我们一定可以与中国经济一道腾"云"驾"物",踏上发展的新台阶。

聆听心灵的声音

　　企业家，一个普通人眼中既爱又恨的群体。在这个群体身上，人们看到了不屈不挠、迎难而上、开拓进取等人性的美好，而这也让人们相信人定胜天，相信一切都事在人为。但也在他们身上，人们看到了贪婪、自私、自利等人性的丑陋，而这让人们质询企业资本积累的原罪，质询他们一切言行背后的动机。

　　这样的爱或这样的恨，对企业家群体来说都有着无法承受之重。

　　作为一个服务于企业家群体的组织，除为企业家群体搭建有效的交流平台之外，我们始终坚信，为广大受众提供一个平等、全方位的观察视角，从而使他们可以站在一个周全的位置接受周全的企业家信息，将是使企业家群体走下神坛、走向大众，进而拉近彼此之间距离的有效途径。

　　也正是出于这样的考量，2018年亚布力年会设置了一场直面企业家心灵的环节，邀请企业家以"给40年一封信"的形式，以个人体悟或企业成长诠释企业家精神，讲出自己的心里话。为了保障这封信是他们的真情实感，而不是信手拈来的那些台面上的套话，我们一再与助理沟通，打磨信的内容；也为了保障现场他们认真对待，庄重朗诵而不是临时发挥，我们为每一位企业家拟订了彩排计划，并确保他们到场，试朗诵一段以找到朗读时的感觉。

当俞（敏洪）校长以反思的口吻说道，"我首先想说的不是感恩。一个社会，本来应该开放才是正确的，本来应该宽容才是明智的，本来应该让人民自由自在发展才是合理的。"我们知道，他们做到了真诚，做到了敞开心扉，而这正是我们以及现场听众乃至整个社会希望聆听到的企业家心声。

扎根河南26年，胡葆森向我们透露了他的秘诀：只要你能经得起诱惑，受得了挫折，忍得住委屈，耐得住时间，守得住方向，则无事不成。在感叹技术日新月异的同时，刘积仁让我们看到了他的雄心，"时间在浓缩，生命只有在奉献中才能延长。如今，虽已至花甲之年，但心中还是那样不安分，期望走向那更加清晰的远方。"陈东升则向企业家精神致敬："企业家精神是民族强盛的筋骨，只有一波波、一浪浪执着于创新与创业的企业家不断登上历史舞台，我们的国家才能永葆青春与活力。"而张文中入狱、出狱、平反的坎坷经历，以及他对待这段不平凡经历的心态感动了现场所有听众，"有朋友问我，你遭受这么大的委屈，为什么不恨天、恨地、怨天尤人？我的回答是我对得起良心，对得起历史，我无怨无恨。谁也不愿意坐牢，但我不会因为我坚守道德和诚信，因为自己不苟且、不违背做人的底线而后悔。"

······

所有这些都与商业无关，无关名与利，而只关乎家国情怀、社会责任感以及感恩之心。虽然他们有着各自不同的关注点与思考点，有人心系家国，有人反思体制，有人拷问人性，也有人痴迷于技术，但在这相同与相异之间，我们望见了整个企业家群体的崛起，也望见了企业家精神的茁壮成长。

而这正是我们希望企业家们传递给年轻一代的精神食粮，虽然不能预测行业发展趋势，不能评估投资风险，也不能指导企业经营，但企业家精神的内涵，如创新精神、冒险精神、契约精神、社会责任感等却关乎企业成败。它打造了企业家群体独有的精神气质，在发展中反思，在挑战中成长，百折不挠，砥砺前行。这也是我们整个社会需要的精气神，于瞬息万变中沉淀自己，以备大风来时展翅翱翔，恰如阎志在"给40年一封信"中朗读的《宝石》这首诗的心境与期盼。

宝石是不需要安慰的
寒冬渐远
凌乱的枝叶深入泥土之中
依然湿冷的念头
被临近的某个已渐渐平息的灵魂
侵扰

后来成了岩石
坚硬的骨头都消失无踪
干燥得就如初秋的平原
辽阔而又无所作为
最后是仅剩的一点点气息
渗进了岩石的心中

刚好有一滴海水经过

把彻底安静的潮汐

和时明时暗的月光

也留下来

在泥土之中

岩层之中

把一个灵魂

变硬

变得虚无

变得不需要安慰